# Schritte PLUS NEU 1+2 Österreich

Niveau A1

Deutsch als Zweitsprache
**Kursbuch**

Daniela Niebisch
Sylvette Penning-Hiemstra
Franz Specht

Lukas Mayrhofer

Hueber Verlag

**Für die hilfreichen Hinweise danken wir:**
PD Dr. Marion Grein, Johannes Gutenberg-Universität Mainz
sowie allen Teilnehmerinnen und Teilnehmern an den Kursleiter-Workshops

**Foto-Hörgeschichte:**
Darsteller: Constanze Fennel, Gerhard Herzberger, Philip Krause,
Mirjam Luttenberger, Paula Miessen u. a.
Fotograf: Matthias Kraus, München

Die Audio- und Videodateien finden Sie in der *Hueber Media*-App.
Die Audiodateien stehen zusätzlich auch unter www.hueber.de/schritte-plus-neu/at zur Verfügung.



5. 4. 3. | Die letzten Ziffern
2026 25 24 23 22 | bezeichnen Zahl und Jahr des Druckes.
Alle Drucke dieser Auflage können, da unverändert, nebeneinander benutzt werden.
1. Auflage

Umschlaggestaltung: Sieveking · Agentur für Kommunikation, München
Gestaltung und Satz: Sieveking · Agentur für Kommunikation, München
Druck und Bindung: Passavia Druckservice GmbH & Co. KG, Passau
Printed in Germany
ISBN 978–3–19–701080–9

Art. 530_26088_001_03

# Aufbau



## Symbole und Piktogramme

### Kursbuch

1 🔊 8 Hörtext

Foto-Hörgeschichte als Slide-Show

Aktivität im Kurs

Einsatz mobiler Geräte (fakultativ)

ÜG Verweis auf Schritte Neu Übungsgrammatik (ISBN 978-3-19-011081-0)

Grammatik:

Lara hat Tee gemacht.

Hinweis:

am Samstag + am Sonntag
= am Wochenende

Kommunikation:

*Wie ist das Wetter?* | ☺ *Schön.* ☹ *Schlecht.*

# Inhaltsverzeichnis **Kursbuchteil A1.1** CDs 1+2 zu Lektionen 1–7

| D | E | Wortfelder | Grammatik |
|---|---|---|---|
| **Buchstaben**<br>· Alphabet<br>· Telefongespräch: nach jemandem fragen | **Adresse**<br>· Visitenkarten lesen<br>· Anmeldeformular ausfüllen | · Begrüßung und Abschied<br>· Personalien<br>· Länder<br>· Sprachen | · Aussage: *Ich bin Lara.*<br>· W-Frage: *Wie heißen Sie?*<br>· Personalpronomen: *ich, du, Sie*<br>· Verbkonjugation: *heißen, kommen, sprechen, sein*<br>· Präposition: *aus* |
| **Zahlen und Personalien**<br>· bis 20 zählen<br>· Interview: Fragen zur eigenen Person beantworten<br>· Formular ausfüllen | **Ich lebe in Eisenstadt.**<br>· Landeskunde<br>· eine einfache Landkarte verstehen | · Familie<br>· Personalien | · Possessivartikel: *mein/meine, dein/deine, Ihr/Ihre*<br>· Personalpronomen: *er/sie, wir, ihr, sie*<br>· Verbkonjugation: *leben, heißen, sprechen, haben, sein*<br>· Präposition: *in* |
| **Preise und Mengenangaben**<br>· Preise und Mengenangaben nennen und verstehen<br>· einen Prospekt verstehen | **Einkaufen und kochen**<br>· ein Einkaufsgespräch führen<br>· ein einfaches Rezept lesen | · Lebensmittel<br>· Mengenangaben<br>· Preise | · Ja-/Nein-Frage: *Haben Sie Eier?*<br>· Nullartikel: *Haben wir Zucker?*<br>· indefiniter Artikel: *ein, eine*<br>· Negativartikel: *kein, keine*<br>· Plural: *Äpfel, Eier*<br>· Verbkonjugation: *möchte* |
| **Wohnungsanzeigen**<br>· bis eine Million zählen<br>· Wohnungsanzeigen relevante Informationen entnehmen | **Am Telefon**<br>· Kleinanzeigen Informationen entnehmen<br>· Auskünfte am Telefon erfragen | · Farben<br>· Haus/Wohnung<br>· Einrichtung (Möbel, Elektrogeräte)<br>· Wohnungsanzeigen | · definiter Artikel: *der, das, die*<br>· lokale Adverbien: *da, dort*<br>· prädikatives Adjektiv: *Das Zimmer ist teuer.*<br>· Personalpronomen: *er, es, sie*<br>· Negation: *nicht*<br>· Wortbildung Nomen: *der Tisch → der Schreibtisch* |
| **Tageszeiten**<br>· Angaben zur Tageszeit verstehen und machen<br>· über den Tagesablauf berichten | **Familienalltag**<br>· Schilder/Telefonansagen: Öffnungszeiten verstehen | · Uhrzeit<br>· Wochentage<br>· Öffnungszeiten<br>· Aktivitäten | · trennbare Verben im Satz: *Lara steht früh auf.*<br>· Verbkonjugation: *fernsehen, arbeiten, essen, anfangen, schlafen*<br>· Präpositionen: *am, um, von … bis*<br>· Verbposition im Satz: *Robert macht am Nachmittag Sport.* |
| **Freizeit und Hobbys**<br>· über Freizeitaktivitäten sprechen<br>· ein Personenporträt verstehen | **Besondere Hobbys**<br>· Interviews über Hobbys verstehen | · Wetter und Klima<br>· Himmelsrichtungen<br>· Freizeitaktivitäten und Hobbys | · Akkusativ: *den Salat, einen Tee, keinen Saft*<br>· Ja-/Nein-Frage und Antwort: *ja, nein, doch*<br>· Verbkonjugation: *nehmen, lesen, treffen, fahren, mögen* |
| **Bist du pünktlich gekommen?**<br>· über Aktivitäten in der Vergangenheit erzählen<br>· Vorschläge machen und ablehnen | **Kommunikation mit der Schule**<br>· Elternbrief<br>· Telefongespräch: sich / ein Kind wegen Krankheit entschuldigen | · Schule<br>· Ausflug<br>· Freizeitaktivitäten<br>· Aktivitäten im Deutschkurs | · Modalverben: *können, wollen*<br>· Satzklammer: *Kannst du die Lili aufwecken?*<br>· Perfekt mit *haben: Lara hat Tee gemacht.*<br>· Perfekt mit *sein: Ich bin spazieren gegangen.*<br>· Perfekt im Satz: *Bist du pünktlich gekommen?* |

# Inhaltsverzeichnis **Kursbuchteil A1.2** CDs 1+2 zu Lektionen 8–14

| D | E | Wortfelder | Grammatik |
| --- | --- | --- | --- |
| **Jobinserate**<br>· Jobinserate verstehen<br>· Telefongespräch: Informationen zu einem Stellenangebot erfragen<br>· ein Stellengesuch schreiben | | · Berufe<br>· Arbeit | · Wortbildung Nomen: *der Fahrer →* *die Fahrerin, der Hausmann → die Hausfrau*<br>· lokale Präposition *bei: Ich arbeite bei ...*<br>· modale Präposition *als: Ich arbeite als ...*<br>· temporale Präpositionen *vor, seit, für: vor einem Jahr*<br>· Präteritum *sein, haben: war, hatte* |
| **Meldezettel**<br>· einen Meldezettel ausfüllen<br>· um Erklärungen und Verständnishilfen bitten | **Einreise nach Österreich**<br>· Abläufe auf dem Amt verstehen | · Amt<br>· Regeln in Verkehr und Umwelt<br>· Meldezettel | · Modalverben *müssen, dürfen*<br>· Satzklammer: *Sie müssen einen Antrag ausfüllen.*<br>· Pronomen *man*<br>· Imperativ: *Warten Sie bitte!*<br>· Verbkonjugation: *helfen* |
| **Krankmeldung**<br>· sich telefonisch und schriftlich krankmelden | **Anruf beim Arzt / Notruf**<br>· einen Termin ausmachen<br>· einen Notfall melden | · Körperteile<br>· Krankheiten<br>· Brief | · Possessivartikel: *dein, sein, ihr, unser, ...*<br>· Modalverb *sollen*<br>· Satzklammer: *Sie sollen zu Hause bleiben.* |
| **Wir gehen zu Walter und holen das Auto.**<br>· Orte und Richtungen angeben | **Am Bahnhof**<br>· Durchsagen verstehen<br>· am Schalter: um Auskunft bitten<br>· Fahrplänen Informationen entnehmen | · Einrichtungen und Orte in der Stadt<br>· Verkehrsmittel | · Präposition *mit: Wir fahren mit dem Auto.*<br>· lokale Präpositionen *an, auf, bei, hinter, in, neben, über, unter, vor, zwischen: Wo ...? – Auf dem Parkplatz.*<br>· lokale Präpositionen *zu, nach, in: Wohin ...? – Zum Arzt.* |
| **Telefonansagen**<br>· Telefonansagen verstehen und formulieren | **Hilfe im Alltag**<br>· Service-Anzeigen verstehen<br>· eine Gebrauchsanweisung verstehen<br>· Telefongespräch: Kundenservice | · Kundenservice<br>· Telekommunikation | · temporale Präpositionen *vor, nach, bei, in, bis, ab: Wann ...? – In einer Stunde. Ab wann ...? – Ab morgen.*<br>· Konjunktiv II: *würde, könnte*<br>· Satzklammer: *Könnten Sie mir bitte helfen?*<br>· Verben mit verschiedenen Präfixen: *ein-, ausschalten; auf-, zumachen* |
| **Welche meinst du? – Na, diese.**<br>· Vorlieben erfragen<br>· eine Auswahl treffen | **Im Kaufhaus**<br>· um Hilfe/Rat bitten | · Kleidung und Gegenstände<br>· Landschaften | · Demonstrativpronomen *der, das, die, dies-: die Jacke → Die ist gut! Dieses Hemd gefällt mir.*<br>· Frageartikel *welch-: Welches Hemd?*<br>· Personalpronomen im Dativ: *mir, dir, ...*<br>· Verben mit Dativ: *gefallen, gehören, passen, ...*<br>· Komparation *gut, gern, viel*<br>· Verbkonjugation: *mögen* |
| **Einladungen**<br>· Einladungen verstehen und schreiben | **Feste und Glückwünsche**<br>· Feste nennen<br>· Texte über Feste verstehen<br>· Glückwünsche formulieren | · Monate<br>· Feste<br>· Glückwünsche | · Ordinalzahlen: *der erste, ...*<br>· Personalpronomen im Akkusativ: *mich, dich, ...*<br>· Konjunktion *denn: Wir feiern Abschied, denn Lara und Tim fahren heim.*<br>· Verbkonjugation: *werden* |

# Vorwort

**Liebe Leserinnen, liebe Leser,**

mit *Schritte plus Neu Österreich* legen wir Ihnen ein komplett neu bearbeitetes Lehrwerk vor, mit dem wir das jahrelang bewährte und erprobte Konzept von *Schritte plus* noch verbessern und erweitern konnten. Erfahrene Kursleiterinnen und Kursleiter haben uns bei der Neubearbeitung beraten, um *Schritte plus Neu Österreich* zu einem noch passgenaueren Lehrwerk für die Erfordernisse Ihres Unterrichts zu machen. Wir geben Ihnen im Folgenden einen Überblick über Neues und Altbewährtes im Lehrwerk und wünschen Ihnen viel Freude in Ihrem Unterricht.

## *Schritte plus Neu Österreich ...*

- führt Lernende ohne Vorkenntnisse zu den Sprachniveaus A1, A2 und B1.
- orientiert sich an den Vorgaben des Gemeinsamen Europäischen Referenzrahmens und bereitet auf alle gängigen Prüfungsformate vor.
- ist speziell für Kurse in Österreich erstellt: enthält gängigen österreichischen Wortschatz, sämtliche Hörtexte sind in österreichischem Standarddeutsch aufgenommen.
- bereitet die Lernenden auf Alltag und Beruf vor.
- eignet sich besonders für den Unterricht mit heterogenen Lerngruppen.
- ermöglicht zeitgemäßen Medieneinsatz: die Audios zum Kurs- und Arbeitsbuch sind auch im Internetservice und über die *Hueber Media*-App abrufbar.

## Der Aufbau von *Schritte plus Neu Österreich*

### Kursbuch

Lektionsaufbau:

- Einstiegsdoppelseite mit einer rundum neuen Foto-Hörgeschichte als thematischer und sprachlicher Rahmen der Lektion (verfügbar als Audio oder Slide-Show mit Audio).
- Lernschritte A–C: schrittweise Einführung des Stoffs in abgeschlossenen Einheiten mit einer klaren Struktur
- Lernschritte D+E: Trainieren der vier Fertigkeiten Hören, Lesen, Sprechen und Schreiben in authentischen Alltagssituationen und systematische Erweiterung des Stoffs der Lernschritte A–C
- Übersichtsseite Grammatik und Kommunikation mit Möglichkeiten zum Festigen und Weiterlernen, sowie eine Übersicht über die Lernziele
- eine Doppelseite „Für zwischendurch ..." mit spannenden fakultativen Unterrichtsangeboten wie Projekten, Spielen, Liedern, Österreich-Spezial etc. und vielen Möglichkeiten zur Binnendifferenzierung

### Arbeitsbuch

Lektionsaufbau:

- abwechslungsreiche Übungen zu den Lernschritten A–E des Kursbuchs
- Übungsangebot in verschiedenen Schwierigkeitsgraden, zum binnendifferenzierten Üben
- ein systematisches Phonetik-Training
- ein systematisches Schreibtraining
- Aufgaben zum Selbstentdecken grammatischer Strukturen (Grammatik entdecken)
- Aufgaben zur Prüfungsvorbereitung
- Selbsttests am Ende jeder Lektion zur Kontrolle des eigenen Lernerfolgs der Teilnehmer
- fakultative Fokusseiten zu den Themen Alltag, Beruf und Familie

Anhang:

- Lernwortschatzseiten mit Lerntipps, Beispielsätzen und illustrierten Wortfeldern
- Grammatikübersicht

Außerdem finden Sie im Lehrwerkservice zu *Schritte plus Neu Österreich* die Audios sowie vielfältige Zusatzmaterialien für den Unterricht und zum Weiterlernen.

Viel Spaß beim Lehren und Lernen mit *Schritte plus Neu Österreich* wünschen Ihnen

Autoren und Verlag

# Die erste Stunde im Kurs

Kursbuchteil A1.1
Lektionen 1–7
(CDs 1 und 2 zu Lektionen 1–7)

# Grüß Gott. Mein Name ist ...

1 🔊 1-8 **1 Schauen Sie die Fotos an und hören Sie.**
Wer ist das? Verbinden Sie.

*Ich heiße Lara Nowak.*

*Mein Name ist Walter Baumann.* C

*Ich bin Sofia Baumann.* D

*Ich bin Lili.* A

A

B

C

D

1 🔊 1-8 **2 Was ist richtig? Hören Sie noch einmal und kreuzen Sie an.**

○ 
A

Ich komme aus Österreich. Ich spreche Polnisch und Deutsch.

○ 
B

Ich komme aus Österreich. Ich spreche Deutsch, Englisch und ein bisschen Spanisch.

○ 
C

Ich komme aus Polen. Ich spreche Deutsch und Englisch.

☒ 
D

Ich komme aus Österreich. Ich spreche Deutsch und ein bisschen Englisch.

# A Grüß Gott.

## 1 9 A1 Wer sagt was? Hören Sie und ordnen Sie zu.

~~Grüß Gott.~~ | Hallo. | Auf Wiederschauen. | Baba.

A Grüß Gott.

B Auf Wiederschauen

C Hallo

D Baba

## 1 10 A2 Grüß Gott! Auf Wiederschauen! Hören Sie und ordnen Sie zu.

A

B

C

D

1 (C)
- Auf Wiederschauen, Herr Rohringer.
- Tschüs, Kinder.

2 (B)
- Guten Abend, meine Damen und Herren. Willkommen bei „Musik international“.

3 (A)
- Guten Morgen, Frau Hofinger.
- Guten Morgen. Oh, danke. Auf Wiederschauen.

4 (D)
- Gute Nacht.
- Gute Nacht, Papa.

| Begrüßen: | Verabschieden: |
|---|---|
| Grüß Gott! (0–24 h) | Auf Wiederschauen! |
| Guten Morgen! until 10h30 | Auf Wiedersehen! |
| Guten Tag! – 12h – 19h | |
| Guten Abend! – 19h onward | |
| Hallo! | Tschüs! Baba! |
| Servus! | Servus! Ciao! |
| Grüß dich!/Grüß euch! (Griaß di!) | (Pfiat di!) |

## A3 Schauen Sie die Zeichnungen an. Was sagen die Personen?

A

B

C

D

# B Ich heiße Lara Nowak.

## B1 Ordnen Sie zu.

Ich bin Lili. ~~Ich heiße Lara Nowak.~~ Ich bin Sofia Baumann. Mein Name ist Walter Baumann.

A 
B 
C 
D 

A: Ich heiße Lara Nowak.
B: Mein Name ist Walter Baumann
C: Ich bin Lili
D: Ich bin Sofia Baumann

## B2 Hören Sie und lesen Sie die Gespräche. Ergänzen Sie die Namen.

1 11-12

A

Helga Weber — Richard Yulu

- ◆ Guten Tag. Mein Name ist Richard Yulu.
- ○ Grüß Gott, Herr ... Entschuldigung, wie heißen Sie?
- ◆ Richard Yulu.
- ○ Ah, ja. Grüß Gott, Herr Yulu. Ich bin Helga Weber.
- ◆ Grüß Gott, Frau Weber.

B

Richard Yulu — Maria Heuberger

- ○ Das ist Herr Yulu.
- ▲ Grüß Gott, Herr Yulu. Ich bin Maria Heuberger.
- ◆ Guten Tag, Frau Heuberger, freut mich.
- ▲ Herzlich willkommen im Landesklinikum.

Wie heißen Sie?
Ich heiße
Ich bin ...
Mein Name ist ...

## B3 Und jetzt Sie! Spielen Sie die Gespräche aus B2 im Kurs mit Ihrem Namen.

## B4 Suchen Sie bekannte Personen und zeigen Sie ein Foto. Fragen Sie im Kurs.

A 
B 
C 
D 

A: Waltz Schauspieler
B: Chi Stürmer - Sängerin
D: Udo Jürgen Sänger

Wer ist das?
Das ist ...

- ◆ Wer ist das?
- ○ Das ist ...
- ◆ Ja, stimmt. / Nein.

True

- ◆ Wer ist das?
- ▲ Ich weiß es nicht.

I don't know it

**SCHON FERTIG?** Schreiben Sie Gespräche wie in B2. Beispiel: *Grüß Gott, mein Name ist ...*

# C Ich komme aus Polen.

1 🔊 13-14 **C1 Hören Sie und ordnen Sie zu.**

bist du | kommst du | kommen Sie | ~~Ich heiße~~

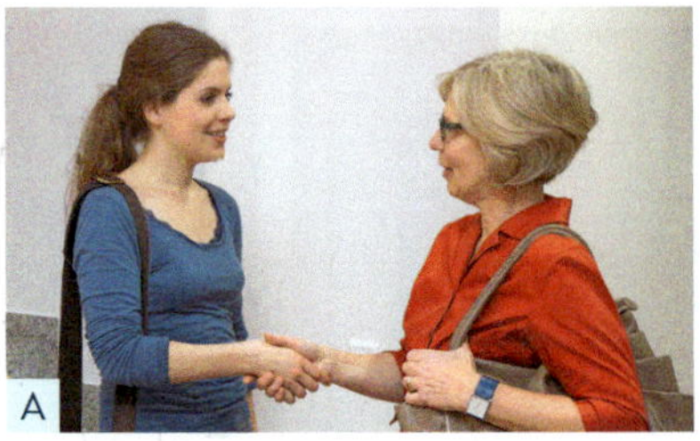

A

- ◆ Grüß Gott. Mein Name ist Lara Nowak.
- ○ Grüß Gott. Freut mich.
  Ich heiße Klara Schneider.
  Woher kommen Sie, Frau Nowak?
- ◆ Aus Polen.

B

- ◆ Grüß dich. Ich bin Lara. Und wer bist du?
- ▲ Servus! Ich bin Henry.
  Woher kommst du, Lara?
- ◆ Aus Polen.

| aus | aus dem | aus der | aus den |
|---|---|---|---|
| Österreich | Jemen | Schweiz | USA |
| Deutschland | Sudan | Türkei | ... |
| Rumänien | Iran | Ukraine | |
| Syrien | Irak | ... | |
| Ungarn | ... | | |
| ... | | | |

| | | |
|---|---|---|
| Woher kommen Sie? | Aus | Österreich. / ... |
| Woher kommst du? | | Graz. / ... |

**C2 Im Deutschkurs**

1 🔊 15-17 **a** Hören Sie und lesen Sie die Gespräche. Markieren Sie dann alle Fragen mit „W".

1

- ▲ Guten Tag, ich bin Hans Mayer. Wie heißen Sie?
- □ Ali Tankay.
- ▲ Woher kommen Sie, Herr Tankay?
- □ Aus der Türkei.
- ▲ Aha! Und Sie? Wer sind Sie?
- ✚ Ich bin Alexander Makarenko. Ich bin aus der Ukraine.

2

- ◆ Hallo, ich bin Anna. Und wie heißt du?
- ○ Ich heiße Sadie.
- ◆ Und du? Wer bist du?
- ▲ Ich heiße Rabia.

3

- ■ Woher kommst du?
- ● Aus Indien.
- ■ Ah, schön.
- ● Und du?
- ■ Aus Thailand.
- ● Interessant.

**b** Ergänzen Sie Fragen aus a.

| Sie | du |
|---|---|
| Wie heißen Sie? | Und wie heißt du? |
| Woher kommen sie | Wer bist du? |
| Wer sind Sie? | Woher kommst du? |

**c** Fragen und Antworten: Sprechen Sie wie in a.

Was sprichst du?
Was sprechen Sie?

| Sprachen | |
|---|---|
| Arabisch | Polnisch |
| Chinesisch | Rumänisch |
| Deutsch | Russisch |
| Englisch | Serbisch |
| Französisch | Spanisch |
| Italienisch | Türkisch |
| Persisch | ... |

## C3 *du* oder *Sie*?

**a** Was ist richtig? Kreuzen Sie an.

- ◆ Hallo! Ich bin Umut. Und wer bist ☒ du? ○ Sie?
- ○ Ich heiße Amir.
- ◆ Woher kommst ☒ du, ○ Sie, Amir?
- ○ Aus dem Jemen.
- ◆ Aha. Ich komme aus Istanbul.
- ○ ☒ Du ○ Sie sprichst gut Deutsch.
- ◆ Nein, nein. Nur ein bisschen.
- ○ Und ○ du, ☒ Sie, wie heißen ○ du? ☒ Sie?
- ▲ Tufan, Mona Tufan.
- ◆ Ah, schön. Was sprechen ○ du, ☒ Sie, Frau Tufan?
- ▲ Ich spreche Deutsch und Türkisch.
- ◆ Aha, auch Türkisch.

1 🔊 18 **b** Hören Sie und vergleichen Sie.

## C4 Das bin ich!

Sprechen Sie mit Ihrer Partnerin / Ihrem Partner oder machen Sie einen Film.

# D Buchstaben

## 1 19 D1 Das Alphabet

Hören Sie und sprechen Sie nach.

| Aa | Bb | Cc | Dd | Ee | Ff | Gg | Hh | Ii | Jj | Kk | Ll | Mm |
|---|---|---|---|---|---|---|---|---|---|---|---|---|
| a | be | tse | de | e | ef | ge | ha | i | je/jott | ka | el | em |

| Nn | Oo | Pp | Qq | Rr | Ss | Tt | Uu | Vv | Ww | Xx | Yy | Zz |
|---|---|---|---|---|---|---|---|---|---|---|---|---|
| en | o | pe | kwe/ku | er | es | te | u | fau | we | iks | ypsilon | tsett |

| Ää | Öö | Üü | ß |
|---|---|---|---|
| a-Umlaut | o-Umlaut | u-Umlaut | scharfes s |

## D2 Buchstabieren Sie Ihren Namen.

*Ich heiße Maria Bari.*

*Wie bitte? Buchstabieren Sie, bitte.*

*M – A – R – ...*

## 1 20 D3 Firma Gasser, grüß Gott.

**a** Hören Sie das Telefongespräch.

◆ Firma Gasser, Johanna Hebenstreit, grüß Gott.
○ Grüß Gott. Mein Name ist Nagy.
Ist der Herr Pichler da, bitte?
◆ Grüß Gott, Herr ... Entschuldigung, wie ist Ihr Name?
○ Nagy. Ich buchstabiere: N-A-G-Y.
◆ Ah, Nagy. Woher kommen Sie, Herr Nagy?
○ Ich komme aus Ungarn. ... Ist der Herr Pichler da, bitte?
◆ Oh, Entschuldigung! Einen Moment, bitte ...
Tut mir leid, der Herr Pichler ist nicht da.
○ Ja gut. Danke. Auf Wiederhören.
◆ Auf Wiederhören, Herr Nagy.

**b** Sprechen Sie mit Ihrem Namen und Ihrem Land.

## D4 Namen aus Österreich. Zeigen Sie und fragen Sie.

| | | | |
|---|---|---|---|
| Tür 1) | S. Z. | Tür 5) | A. O. |
| Tür 2) | R. R. | Tür 6) | B. B. |
| Tür 3) | J. P. | Tür 7) | M. M. |
| Tür 4) | L. L. | Tür 8) | H. H. |

Zehentner · Haas · Josef · Richard · Obermaier · Leitgeb · Barbara · Alfred · Pointner · Susi · Monika · Hannelore · Rudigier · Lukas · Bruckmüller · Moser

*Wer ist das?*

*Das ist Josef Pointner.*

*Buchstabieren Sie, bitte.*

# E Adresse

## E1 Visitenkarten

**a** Lesen Sie und markieren Sie: Vorname, Familienname / Nachname, Straße, Stadt, Land.

**b** Wie heißt das Land? Ordnen Sie zu.

~~Deutschland~~ Schweiz Österreich Liechtenstein

A = Österreich CH = Schweiz

D = Deutschland FL = Liechtenstein

## E2 Hören Sie und ergänzen Sie das Formular.

1 🔊 21

Kurs A1/1

Familienname Polfak

Vorname Marya

Ort Brno

| Akademische Titel in Österreich | |
|---|---|
| Mag./Mag.ª | Magister/Magistra |
| Dr./Dr.in | Doktor/Doktorin |
| Dipl.-Ing. | Diplomingenieur/ Diplomingenieurin |
| BA | Bachelor |
| MA | Master |

## E3 Wer sind Sie? Ergänzen Sie das Formular.

Kurs Deutsch als Zweitsprache

Anmeldung

Familienname

Vorname

Straße, Hausnummer

Postleitzahl, Ort

**SCHON FERTIG?** Schreiben Sie Ihre Visitenkarte. Tauschen Sie die Karten.

## Grammatik

### 1 Aussage ÜG 10.01

| | Position 2 | |
|---|---|---|
| Mein Name | ist | Walter Baumann. |
| Ich | bin | Lili. |
| Ich | komme | aus Österreich. |
| Sie | sprechen | gut Deutsch. |

### 2 W-Frage ÜG 10.03

| | Position 2 | |
|---|---|---|
| Wer | ist | das? |
| Wie | heißen | Sie? |
| Woher | kommen | Sie? |
| Was | sprechen | Sie? |

### 3 Verb: Konjugation ÜG 5.01

| | kommen | heißen | sprechen | sein |
|---|---|---|---|---|
| ich | komme | heiße | spreche | bin |
| du | kommst | heißt | sprichst | bist |
| Sie | kommen | heißen | sprechen | sind |

Merke:
ich -e
du -st
Sie -en

! du heiß~~s~~t
du sprichst

## Kommunikation

**BEGRÜSSUNG:** Grüß dich!

*Hallo! | Grüß dich, ich bin Lara. | Servus, ich bin Henry.*
*Grüß Gott, Herr Yulu. | Guten Tag, Frau Heuberger. Freut mich.*
*Guten Morgen, Frau Hofinger!*

**ABSCHIED:** Auf Wiederschauen.

*Auf Wiederschauen, Herr Rohringer.*
*Auf Wiedersehen. | Auf Wiederhören.*
*Baba, Kinder. | Tschüs. | Ciao. | Servus*

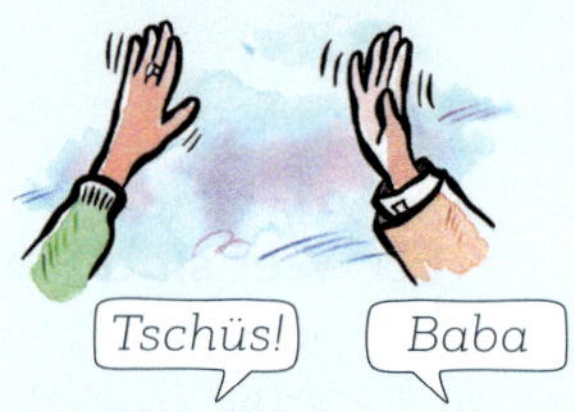


**NAME:** Wie heißen Sie?

| | |
|---|---|
| *Wie heißen Sie?* | *Ich heiße/bin Lara Nowak.* |
| *Wie heißt du?* | *Ich heiße/bin Lili.* |
| *Wer bist du?* | *(Ich bin) Lili.* |
| *Wer sind Sie?* | *(Ich bin) Sofia Baumann.* |
| *Wie ist Ihr Name?* | *(Mein Name ist) Lara Nowak.* |
| *Wer ist das?* | *Das ist Herr Yulu.* |
| | *Ich buchstabiere: Y – U – L – U.* |

Merke:
Ich heiße | ~~Frau~~ Baumann.
Mein Name ist

**HERKUNFT:** Woher kommen Sie?

| | |
|---|---|
| *Woher kommen Sie, Frau Nowak?* | *(Ich komme) aus Polen.* |
| *Woher kommst du, Lara?* | |

**SPRACHE:** Was sprechen Sie?

| | |
|---|---|
| *Was sprechen Sie?* | *Deutsch.* |
| *Was sprichst du?* | *Ich spreche Deutsch und (ein bisschen) Türkisch.* |
| *Sie sprechen/du sprichst gut Deutsch.* | *Nein, nein. Nur ein bisschen.* |

**ENTSCHULDIGUNG:** Tut mir leid.

*Entschuldigung, ... | Tut mir leid.*

**BITTEN UND DANKEN:** Vielen Dank.

*Ist der Herr Pichler da, bitte? | Buchstabieren Sie, bitte.*
*Danke./Vielen Dank.*

**STRATEGIEN:** Ja, stimmt.

*Ja. | Nein. | Ah, ja. | Aha! | Ja, stimmt. | Ja, gut.*
*Wie bitte? | ..., bitte? | Einen Moment, bitte. | Ich weiß es nicht.*
*Ah, schön. | Ah, toll. | Interessant.*

Das bin ich. Ergänzen Sie.

Name: ..................
Land: ..................
Stadt: ..................
Sprache: ..................

Schreiben Sie.

Ich heiße ...
Ich komme aus ...
Ich spreche...

## Lernziele

Ich kann jetzt ...

**A** ... jemanden begrüßen und mich verabschieden:
*Hallo! Auf Wiederschauen.* ☺ 😐 ☹

**B** ... jemanden nach dem Namen fragen und meinen Namen sagen:
*Wie heißen Sie? – Mein Name ist Richard Yulu.* ☺ 😐 ☹

**C** ... nach dem Heimatland fragen und mein Heimatland sagen:
*Woher kommen Sie? – Ich komme aus der Türkei.* ☺ 😐 ☹

... sagen: Diese Sprachen spreche ich:
*Was sprichst du? – Ich spreche Deutsch und Türkisch.* ☺ 😐 ☹

**D** ... die Buchstaben sagen und meinen Namen buchstabieren:
*Marija: M – A – R – I – J – A* ☺ 😐 ☹

... am Telefon nach einer Person fragen:
*Ist der Herr Pichler da, bitte?* ☺ 😐 ☹

**E** ... eine Visitenkarte lesen und ein Anmeldeformular ausfüllen:
*Familienname: Menardi; Vorname: Lorenzo; ...* ☺ 😐 ☹

Ich kenne jetzt ...

**... 5 Länder:**

Rumänien, ...

**... 5 Sprachen:**

Italienisch, ...

LIED

# Das Alphabet

1 🔊 22

Hören Sie das Lied und sprechen Sie mit.

Akkordeon 

Baby 

Cent 

Dynamit 

Elefant 

Flöte 

Gitarre 

Hallo

Insekt 

Jaguar 

Kamera 

Lokomotive 

Mikrofon 

Natur 

Ozean 

Polizei 

Quartett 

Radio 

Saxofon 

Telefon 

Uhu 

Volksmusik 

Wolfgang Amadeus 

Xylofon 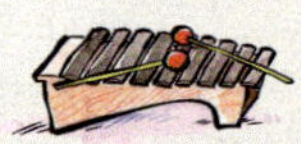

Ypsilon

Zirkus 

SPIEL

## Die Buchstabenmaus. 

Raten Sie Wörter aus der Lektion.

LANDESKUNDE

# Begrüßung und Abschied regional

**1** Griaß di, Servus und Baba! Wie sagen die Personen in Ihrem Kursort? Sprechen Sie.

1 🔊 23 **2** In Österreich, Deutschland und in der Schweiz gibt es viele Wörter für *Begrüßung* und *Abschied*. Hören Sie die Wörter und markieren Sie in den Karten.

A

B

C

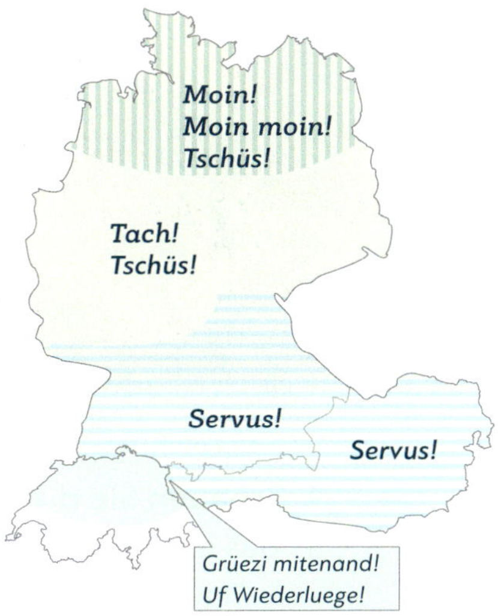


**3** Wie heißen *Grüß Gott* und *Auf Wiederschauen* in Ihrer Sprache? Sprechen Sie.

# Meine Familie

Folge 2: Pause!

**1 Schauen Sie die Fotos an.**

**a** Was meinen Sie? Was ist richtig? Kreuzen Sie an.

1 Tim ○ ist Laras Deutschlehrer. ☒ lernt auch Deutsch.

2 Tim und Lara ☒ haben Pause. ○ lernen Deutsch im Park.

1 🔊 24-31 **b** Hören Sie und vergleichen Sie.

1 🔊 25-26 **2 Hören Sie noch einmal und ordnen Sie zu.**

~~Kanada~~ Lublin Polen Ottawa

**Tim**

Land: Kanada

Stadt: Ottawa

**Lara**

Land: Polen

Stadt: Lublin

1 🔊 27-29

## 3 Das ist meine Familie.

a Hören Sie noch einmal und ordnen Sie zu.

~~Vater~~ ~~Großeltern~~ ~~Mutter~~ ~~Eltern~~ ~~Bruder~~ ~~Mutter~~

Das sind Tims Eltern :
Tims Vater
und Tims Mutter .

Das ist Tims Bruder .

Das ist Laras Mutter .

Das sind Laras Großeltern .

b Was ist richtig? Hören Sie und kreuzen Sie an.

1 ☒ Lara ist zwanzig Jahre alt.

2 ○ Lara hat Geschwister.

3 ☒ Laras Vater lebt in Poznań.

# A Wie geht's dir? – Danke, gut.

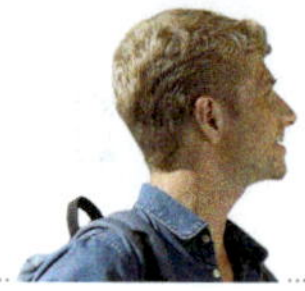

1 🔊 32 **A1 Wie geht's dir? Hören Sie und ordnen Sie zu.**

1 Super.
2 Danke, sehr gut.
3 Gut, danke.
4 Es geht. So lala.
5 Na ja, nicht so gut.

1 🔊 33-34 **A2 Wie geht es Ihnen?**

a Was ist richtig? Hören Sie und kreuzen Sie an.

1
Wie geht es …

Tim? ☺ (X) ☹
Lara? ☺ (X) ☹

2
Wie geht es …

Walter Baumann? ☺ (X) ☹
Frau Hartl? ☺ ☹ (X)

b Wie geht es Ihnen? Hören Sie noch einmal und sprechen Sie dann mit Ihrem Namen.

1
◆ Hallo, Lara.
○ Servus, Tim. Wie geht's dir?
◆ Danke, gut. Und wie geht es dir?
○ Auch gut, danke.

2
▲ Guten Morgen, Frau Hartl.
□ Guten Morgen, Herr Baumann. Wie geht's Ihnen denn?
▲ Danke, sehr gut. Und Ihnen?
□ Na ja, nicht so gut.

c Kettenspiel: Fragen Sie und antworten Sie.
◆ Hassan, wie geht's dir denn?
○ So lala. Dimitra, wie geht es dir?
▲ Danke, gut. Jenny, …

| | | | |
|---|---|---|---|
| du | → | Wie geht's (dir)?<br>Wie geht es dir? | Gut, danke. |
| Sie | → | Wie geht's (Ihnen)?<br>Wie geht es Ihnen? | |

**A3 Schauen Sie die Bilder an: *du* oder *Sie*? Schreiben Sie Gespräche und sprechen Sie.**

A

Sie

B

du

C

Sie

D

Sie

◆ Guten Tag.
○ Grüß Gott, Frau Sánchez.
Wie geht es Ihnen?

# B Das ist **mein Bruder**.

## B1 Wer ist das?

1 35 **a** Hören Sie und ordnen Sie zu.

meine Enkelin

meine Tochter

~~meine Frau~~

mein Sohn

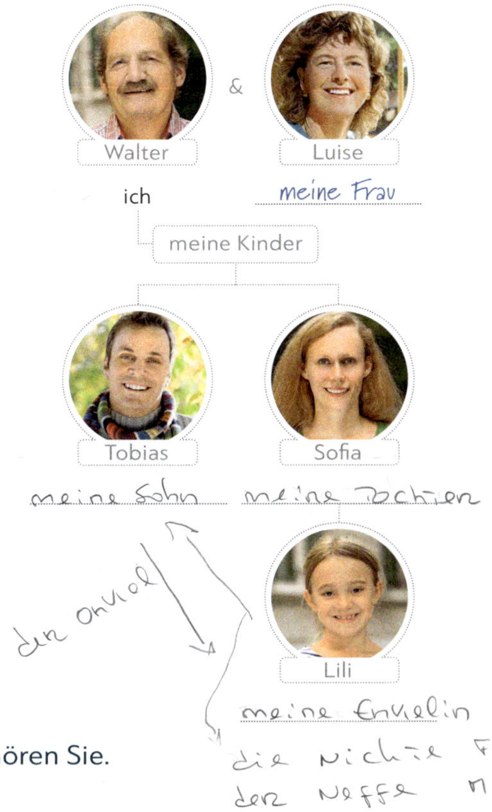


**b** Was ist richtig? Kreuzen Sie an.

- [x] meine Schwester.
- [ ] meine Oma.

- [ ] mein Mann.
- [x] mein Opa.

## B2 Familienfotos

1 36 Ordnen Sie zu und hören Sie. Variieren Sie dann.

~~Dein~~ | mein | meine | Ihre

1

- ◆ Wer ist das? Dein Bruder?
- ○ Nein, das ist mein Vater.

2

- ▲ Wer ist das? Ihre Tochter?
- □ Nein, das ist meine Enkelin Lili.

| | | | |
|---|---|---|---|
| mein Bruder | mein Kind | meine Tochter | meine Kinder |

| ich | du | Sie | |
|---|---|---|---|
| mein | dein | Ihr | Bruder |
| mein | dein | Ihr | Kind |
| meine | deine | Ihre | Tochter |
| meine | deine | Ihre | Kinder |

Varianten: Vater – Opa | Mutter – Oma | Tochter – Frau | …

## B3 Rätsel

Ihre Familie: Schreiben Sie einen Namen auf einen Zettel. Wer ist das? Ihre Partnerin / Ihr Partner rät.

- ◆ Wer ist María?
- ○ María ist deine Ehefrau. wife
- ◆ Nein, falsch.
- ○ María ist deine Schwester, oder?
- ◆ Ja, genau.

**SCHON FERTIG?** Planen Sie ein Familienfest. Wer kommt? Machen Sie eine Liste. Beispiel: meine Tochter …

# C Er lebt in Poznań.

1 ◀)) 37 **C1 Hören Sie und ordnen Sie zu.**

~~ist~~ ist kommt lebt kommt leben spricht sind wohnen

A

Das ist Lara. Sie kommt aus Polen. Aus Lublin. Laras Eltern leben nicht zusammen. Sie sind geschieden. Laras Vater lebt in Poznań.

B

Das ist Tim. Er kommt aus Kanada. Er spricht ein bisschen Deutsch.

C

Lara und Tim wohnen jetzt in Salzburg.

| | | | | |
|---|---|---|---|---|
| er/sie | kommt | lebt | spricht | ist |
| sie/Sie | kommen | leben | sprechen | sind |

| | | |
|---|---|---|
| Tim | → | er |
| Lara | → | sie |
| Lara und Tim | → | sie |

**C2 Das ist / sind ...**

Lesen Sie die Informationen und schreiben Sie.

**Tao Cheng**
China
Österreich

**Amir und Maya Navid**
Iran
Österreich

**Aba Owusu**
Ghana
Deutschland

*Das sind Amir und Maya Navid. Sie kommen aus dem Iran. Jetzt leben sie in ...* Österreich

**C3 Der erste Arbeitstag**

1 ◀)) 38 **a** Wer sagt das? Hören Sie und kreuzen Sie an.

| | *Clara* | *Merima* |
|---|---|---|
| 1 Wie heißt du? | ○ | ☒ |
| 2 Wer seid ihr? | ☒ | ○ |
| 3 Woher kommt ihr? | ☒ | ○ |
| 4 Wir kommen aus Bosnien. | ○ | ☒ |

| | | |
|---|---|---|
| wir | kommen | sind |
| ihr | kommt | seid |

**b** Im Kurs: Gehen Sie zu zweit herum und fragen Sie andere Paare. Sprechen Sie mit Ihrem Namen.

◆ Grüß euch. Wer seid ihr?
○ Wir sind ... und ...
◆ Woher kommt ihr?
○ Wir kommen aus ...

◆ Grüß euch. Wer seid ihr?
○ Das ist ... und ich bin ...
◆ Woher kommt ihr?
○ Ich komme aus ... und ... kommt aus ...

## D Zahlen und Personalien

### 1 ◀)) 39 D1 Hören Sie und sprechen Sie nach.

| 0 | 1 | 2 | 3 | 4 | 5 | 6 | 7 | 8 | 9 | 10 |
|---|---|---|---|---|---|---|---|---|---|---|
| null | eins | zwei | drei | vier | fünf | sechs | sieben | acht | neun | zehn |

| 11 | 12 | 13 | 14 | 15 | 16 | 17 | 18 | 19 | 20 |
|---|---|---|---|---|---|---|---|---|---|
| elf | zwölf | dreizehn | vierzehn | fünfzehn | sechzehn | siebzehn | achtzehn | neunzehn | zwanzig |

### 1 ◀)) 40 D2 Welche Telefonnummer hören Sie? Kreuzen Sie an.

1 ☒ 11 12 20 ○ 12 11 20

2 ○ 19 18 10 ☒ 19 16 10

3 ○ 16 17 13 ☒ 16 17 03

### 1 ◀)) 41 D3 Hören Sie und lesen Sie das Gespräch.

Ergänzen Sie das Formular.

◆ Wie heißen Sie, bitte?
○ Mein Name ist Ewa M-A-Z-U-R.
◆ Mazur. Gut. Woher kommen Sie, Frau Mazur?
○ Aus Polen.
◆ Und wo sind Sie geboren?
○ In Breslau.
◆ Wie ist Ihre Adresse?
○ Alpenstraße 19, 5020 Salzburg.
◆ Wie ist Ihre Telefonnummer?
○ 0 6 7 6 / 1 9 8 2 3 7 6.
◆ Gut. So ... Sind Sie verheiratet? 
○ Nein, ich bin geschieden.
◆ Haben Sie Kinder?
○ Ja, ich habe zwei Kinder.
◆ Wie alt sind die Kinder?
○ Meine Tochter Ania ist acht und mein Sohn Marek ist fünf.

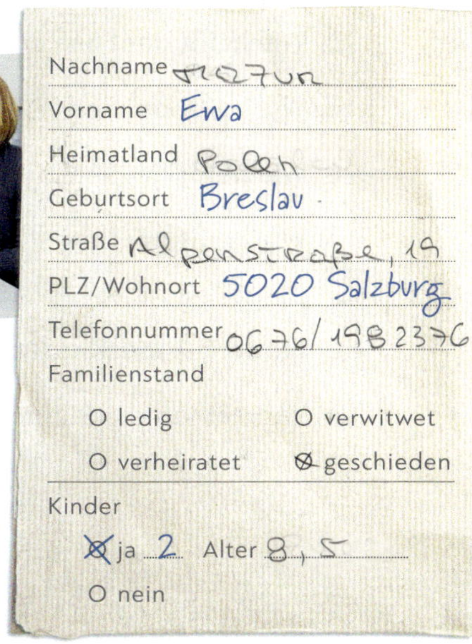

Nachname Mazur
Vorname Ewa
Heimatland Polen
Geburtsort Breslau
Straße Alpenstraße, 19
PLZ/Wohnort 5020 Salzburg
Telefonnummer 0676/1982376
Familienstand
○ ledig ○ verwitwet
○ verheiratet ☒ geschieden
Kinder
☒ ja 2 Alter 8, 5
○ nein

| | | |
|---|---|---|
| ich | habe | |
| du | hast | ein Kind |
| er/sie | hat | |

### D4 Partnerinterview

**a** Markieren Sie die Fragen in D3 und fragen Sie Ihre Partnerin / Ihren Partner.

*Wo wohnen Sie?*
*Haben Sie Kinder? Ja, eins/zwei/... | Nein.*
*Wie alt ist Ihr Kind / sind Ihre Kinder?*

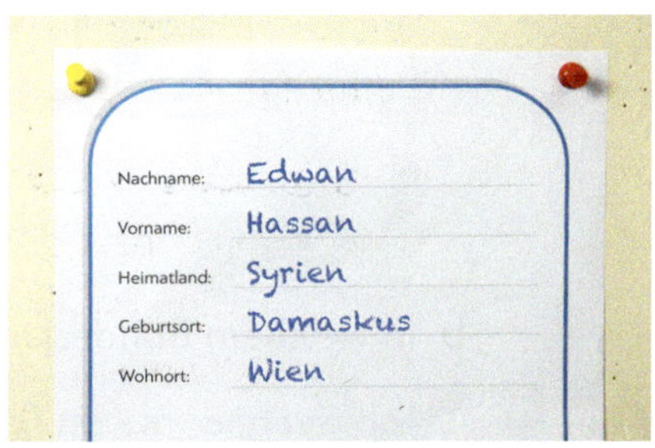


**b** Schreiben Sie über Ihre Partnerin / Ihren Partner.

# E Ich lebe in Eisenstadt.

## E1 Schauen Sie die Landkarte an und beantworten Sie die Fragen.

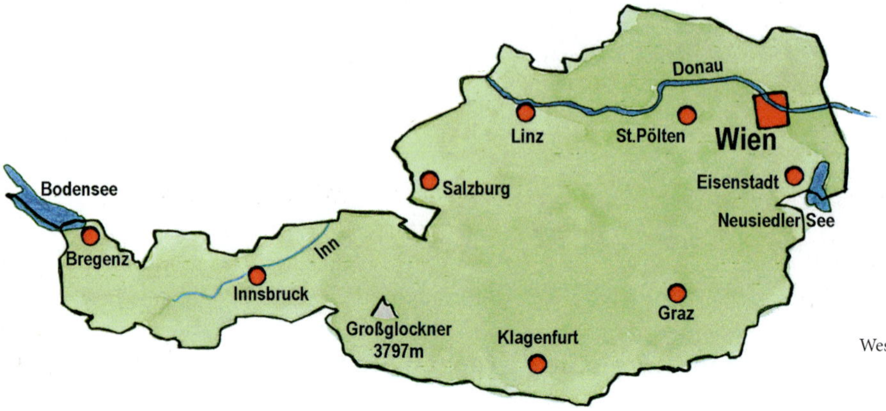


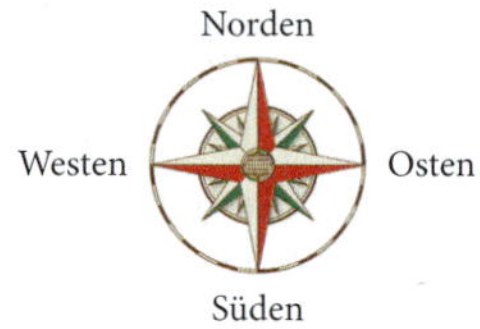


a Wie heißt die Hauptstadt von Österreich? Wien

b Wie heißt der Fluss  im Norden? Donau

c Wie heißt der Fluss im Westen? Inn

d Wie heißt der See  im Osten? Neusiedler See

e Wie heißt der See im Westen? Bodensee

f Wie heißt der Berg  im Süden? Großglockner

## E2 Neun Bundesländer

a Wie heißen die Bundesländer? Schauen Sie die Karte im Umschlag an und ergänzen Sie.

das Burgenland

Oberösterreich

Tirol

Kärnten

Salzburg

Vorarlberg

Niederösterreich

die Steiermark

Wien

b In welchem Bundesland wohnen Sie? Ergänzen Sie.

Ich wohne in/im/in der im sten Bezirke

## E3 Das bin ich!

**a** Lesen Sie die Texte und ergänzen Sie die Informationen.

### Das bin ich!

(A)

Servus! Ich heiße Vera Landthaler und komme aus Österreich. Ich bin in Klagenfurt geboren, aber ich lebe in Salzburg. Mein Freund heißt Peter. Er kommt aus Slowenien. Wir wohnen schon lange zusammen.

Landthaler — Familienname
Vera — Vorname
Klagenfurt — Heimatstadt
Salzburg — Wohnort

(B)

Grüß Gott! Mein Name ist Harald Kastner. Ich bin Grafik-Designer und wohne in Kufstein. Ich bin geschieden und habe einen Sohn. Er heißt Florian und ist neun Jahre alt. Florian und seine Mutter leben in Südtirol, in Bruneck. Das ist meine Heimatstadt.

Kastner — Familienname
Harald — Vorname
Bruneck — Heimatstadt
Kufstein — Wohnort

(C)

Hallo! Ich bin Gregor. Ich bin siebzehn und komme aus Dornbirn in Vorarlberg. Meine Eltern sind Lehrer. Ich habe zwei Geschwister. Meine Schwester Sabine ist zwanzig, mein Bruder Jakob ist dreizehn. Wir wohnen in Feldkirch.

Familienname
Gregor — Vorname
Vorarlberg — Heimatstadt
Feldkirch — Wohnort

(D)

Guten Tag! Ich heiße Marina Marković. Ich bin neunzehn Jahre alt. Ich bin in Wien geboren und habe eine Schwester. Mein Vater ist Kroate, meine Mutter ist Österreicherin. Wir wohnen in Oberwart. Das ist in Ostösterreich, im Burgenland.

Marković — Familienname
Marina — Vorname
Wien — Heimatstadt
Oberwart — Wohnort

**b** Lesen Sie noch einmal. Was ist richtig? Kreuzen Sie an.

(A)
- ☒ Vera Landthaler wohnt in Salzburg.
- ○ Sie kommt aus Slowenien.

(B)
- ☒ Harald Kastner hat ein Kind.
- ○ Harald und Florian wohnen zusammen.

(C)
- ☒ Gregors Mutter ist Lehrerin.
- ○ Gregor hat zwei Schwestern.

(D)
- ○ Marina Marković wohnt in Wien.
- ☒ Sie hat eine Schwester.

**SCHON FERTIG?** Schreiben Sie einen Text über sich.

## Grammatik

### 1 Possessivartikel: *mein/e, dein/e, Ihr/e* ÜG 2.04

| maskulin | neutral | feminin | Plural |
|---|---|---|---|
| mein Bruder | mein Kind | meine Tochter | meine Kinder |
| dein Bruder | dein Kind | deine Tochter | deine Kinder |
| Ihr Bruder | Ihr Kind | Ihre Tochter | Ihre Kinder |

Ergänzen Sie.

1 Das ist mein Mann

2 Das ist mein Sohn

3 Das ist meine Tochter

### 2 Verb: Konjugation ÜG 5.01

| | leben* | heißen | sprechen |
|---|---|---|---|
| ich | lebe | heiße | spreche |
| du | lebst | heißt | sprichst |
| er/sie | lebt | heißt | spricht |
| wir | leben | heißen | sprechen |
| ihr | lebt | heißt | sprecht |
| sie/Sie | leben | heißen | sprechen |

*auch so: *wohnen, lernen, kommen ...*

| | sein | haben |
|---|---|---|
| ich | bin | habe |
| du | bist | hast |
| er/sie | ist | hat |
| wir | sind | haben |
| ihr | seid | habt |
| sie/Sie | sind | haben |

Finden Sie noch vier Formen von *sein*.

| | | | | | |
|---|---|---|---|---|---|
| A | B | I | S | T | R |
| L | E | R | E | N | O |
| K | B | E | I | S | T |
| S | I | N | D | V | S |
| O | N | D | R | U | H |

## Kommunikation

**BEFINDEN:** Wie geht's dir?

| | |
|---|---|
| *Wie geht's dir? / Wie geht's?* | *(Danke,) Super. / Sehr gut. / Gut. Sehr gut, danke. / Gut, danke.* |
| *Wie geht es Ihnen?* | *Danke, es geht. / So lala.* |
| *Wie geht es dir?* | *Naja, nicht so gut.* |
| *Und (wie geht es) Ihnen/dir?* | *Auch gut, danke.* |

**TIPP**

Lernen Sie Fragen und Antworten immer zusammen.

**ANDERE VORSTELLEN:** Das ist mein Vater.

*Das ist mein Vater / Tims Bruder.* | *Sie/Er kommt aus ...* | *Sie/Er lebt in ... / Jetzt lebt sie/er in ...*

*Das sind meine Großeltern.* | *Sie kommen aus ...* | *Sie leben in ...*

Ihr Bruder / Ihre Schwester / ... Schreiben Sie.

Das ist ...
Sie/Er kommt aus ...
Sie/Er lebt in ...
Sie/Er spricht ...
Sie/Er hat ...

**ANGABEN ZUR PERSON:** Wo wohnen Sie?

| | |
|---|---|
| *Wo sind Sie geboren?* | *Ich bin in Breslau geboren.* |
| *Wo wohnen Sie?* | *In Salzburg.*<br>*Ich lebe/wohne in Salzburg.*<br>*Ich wohne in der Alpenstraße.* |
| *Wie ist Ihre Adresse?* | *Alpenstraße 1, 5020 Salzburg.* |
| *Wie ist Ihre Telefonnummer?* | *0 1 7 6 / 1 9 8 2 3 7 6.* |
| *Sind Sie verheiratet?* | *Ja, ich bin verheiratet.*<br>*Nein, ich bin ledig/verwitwet/geschieden.* |
| *Haben Sie Kinder?* | *Ja, eins/zwei/...*<br>*Nein.* |
| *Wie alt ist Ihr Kind?* | *Acht.* |
| *Wie alt sind Ihre Kinder?* | *Acht und fünf.* |

Ergänzen Sie das Formular.

Familienname: ..................
Vorname: ..................
Geburtsort: ..................
Wohnort: ..................
Telefonnummer: ..................
Familienstand: ..................

Familienname = Nachname

**ORT:** Linz ist in Österreich.

*Linz ist/liegt in Österreich.*
*Wien ist die Hauptstadt von Österreich.*
*Wien und Eisenstadt sind/liegen in Ostösterreich.*
*Bregenz ist/liegt in Westösterreich.*

Mein Geburtsort:
.......... ist in ..........
.......... ist die Hauptstadt von ..........
.......... ist/liegt in ..........

**STRATEGIEN:** Ja, genau.

*Na ja, ...* | *Ach, ...* | *Ja, genau.* | *Nein, falsch.*

## Lernziele

Ich kann jetzt ...

**A** ... sagen und andere fragen: Wie geht es dir?
*Wie geht es Ihnen? – Danke, sehr gut.* .......... ☺ 😐 ☹

**B** ... meine Familie vorstellen:
*Das ist mein Vater.* .......... ☺ 😐 ☹

**C** ... meinen Wohnort sagen:
*Ich komme aus Bosnien. Ich wohne jetzt in Österreich.* .......... ☺ 😐 ☹

**D** ... bis 20 zählen: *null, eins, zwei, ...* .......... ☺ 😐 ☹
... Fragen zu meiner Person verstehen und beantworten:
*Wo sind Sie geboren? – In Breslau.* .......... ☺ 😐 ☹
... ein Formular ausfüllen:
*Familienname: Mazur; Vorname: Ewa; Wohnort: ...* .......... ☺ 😐 ☹

**E** ... einfache Informationen verstehen:
*Ich bin geschieden und habe einen Sohn.* .......... ☺ 😐 ☹

Ich kenne jetzt ...

**... 5 Wörter zum Thema *Familie*:**

Oma, ...
..........

**... 3 Wörter zum Thema *Familienstand*:**

ledig, ...
..........

SPIEL

## Namen im Deutschkurs

1 Machen Sie Reihen nach dem Alphabet: Vornamen

2 Machen Sie Reihen nach dem Alphabet: Familiennamen



SPIEL

## Kettenspiel

Bilden Sie Gruppen.
Jede/r sagt drei Sätze über sich.

PROJEKT

# Kurs-Kontaktliste

1 Arbeiten Sie zu zweit. Ergänzen Sie den Fragebogen für Ihre Partnerin / Ihren Partner.

a **Wie heißt du? / Wie heißen Sie?**

Mein Vorname ist ..............................

Mein Familienname ist ..............................

b **Wie ist deine Telefonnummer? / Wie ist Ihre Telefonnummer?**

Meine Telefonnummer ist ..............................

c **Wie ist deine E-Mail-Adresse? / Wie ist Ihre E-Mail-Adresse?**

Meine E-Mail-Adresse ist ..............................

d **Was sprichst du? / Was sprechen Sie?**

Ich spreche .............................. (Muttersprache).

Ich spreche gut / ein bisschen .............................. (Fremdsprache 1).

Ich spreche gut / ein bisschen .............................. (Fremdsprache 2).

Ich spreche gut / ein bisschen .............................. (Fremdsprache 3).

2 Machen Sie eine Kontaktliste.

| Vorname | Familienname | Telefonnummer | E-Mail-Adresse |
|---|---|---|---|
| Ibrahim | Saada | 0170-97993410 | Ibrahim_19@gmail.com |
| | | | |
| | | | |

3 Im Kurs: Welche Sprachen sprechen Sie? Machen Sie eine Kursstatistik. Sammeln Sie dazu Informationen aus den Fragebogen.

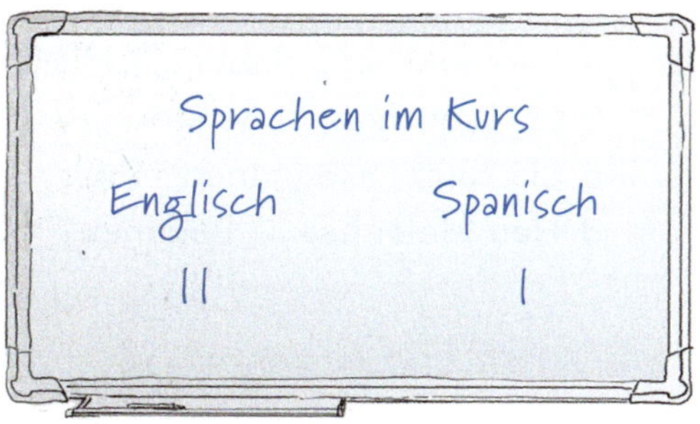

# Einkaufen

**1 Schauen Sie die Fotos an. Welche Wörter kennen Sie schon? Zeigen Sie.**

| Bananen | Butter | Eier | Mehl | Milch | Zucker | Palatschinken | Schokolade | ... |
|---|---|---|---|---|---|---|---|---|
| 6 | 2 | 6 | 2 | 2 | 2 | 8 | 5 | |

1 🔊 42-49

**2 Was ist richtig? Hören Sie und kreuzen Sie an.**

a Lara und Sofia haben ☒ Milch. ☒ Butter. ☒ Zucker. ○ Palatschinken. ☒ Mehl.
b Sie brauchen ☒ Bananen. ☒ Eier. ○ Schokolade. ○ Palatschinken.
c Lili kauft ☒ Bananen. ☒ Eier. ○ Schokolade. ○ Schokoladeeier.
d Herr Meier hat ○ Bananen. ☒ Eier. ○ Milch. ○ Schokolade.

1 🔊 42-49 **3 Welches Foto passt? Ordnen Sie zu. Hören Sie dann noch einmal und vergleichen Sie.**

| | Foto |
|---|---|
| a Magst du Palatschinken? | 2 |
| b Nein, wir haben kein Ei. | 3 |
| c Ich habe Hunger. | 2 |
| d Hmm ... Palatschinken mit Bananen! | 8 |
| e Kaufst du bitte zehn Eier? | 4 |
| f Das ist ein Schokoladeei. | 5 |
| g Das macht dann zusammen 4 Euro 58. | 6 |
| h Kann ich dir helfen? | 7 |

→ Can I help you?

**4 Gibt es in Ihrem Land auch Palatschinken?**

Wie heißen *Palatschinken* in Ihrer Sprache? Erzählen Sie.

*Wir haben in Russland auch Palatschinken. Sie heißen „Blini".*

# A Haben wir Zucker?

## A1 Ordnen Sie zu.

| | | |
|---|---|---|
| 6 Fleisch | 11 Tee | 8 Reis |
| 1 Bier | 12 Brot | 3 Zucker |
| 7 Käse | 9 Wein | 10 Fisch |
| 2 Salz | 4 Mineralwasser | 5 Mehl |

1 ◀)) 50 **A2 Schauen Sie das Bild an.**
Hören Sie und variieren Sie.

◆ Haben wir Zucker?
○ Ja.

◆ Haben wir Brot?
○ Nein.

Varianten: Mehl Reis Bier Mineralwasser Fisch Fleisch Wein

| Haben wir Zucker? | Ja. |
|---|---|
| | Nein. |

1 ◀)) 51 **A3 Hören Sie und spielen Sie weitere Gespräche.**

◆ Entschuldigung.
Haben Sie Eier?
○ Eier? Ja, natürlich.
Da, bitte.
◆ Und haben Sie auch Milch?
○ Nein, tut mir leid.

## A4 Einkaufszettel

a Was haben Sie daheim? Zeichnen Sie oder schreiben Sie.

b Fragen Sie Ihre Partnerin / Ihren Partner. Was braucht sie/er?
Schreiben Sie dann einen Einkaufszettel für Ihre Partnerin / Ihren Partner.

◆ Kim, brauchst du Käse?
○ Nein.

◆ Brauchst du Reis?
○ Ja.

# B Das ist doch **kein** Ei.

## 1 52 B1 Hören Sie und ordnen Sie zu.

ein ~~kein~~ keine

◆ Das ist doch kein Ei!
Das ist Schokolade.
○ Nein, das ist keine Schokolade. Das ist ein Schokoladeei.

– that's not an egg

| | | | | |
|---|---|---|---|---|
| der | ein | Apfel | kein | Apfel |
| das | ein | Ei | kein | Ei |
| die | eine | Birne | keine | Birne |

## B2 Was ist das? Zeigen Sie und sprechen Sie. Arbeiten Sie auch mit dem Wörterbuch.

ein Ei · eine Banane · ein Apfel · eine Orange · ein Kuchen · ein Kaffee · ein Saft · eine Semmel · ein Würstel · eine Birne · eine Tomate · eine Kiwi

◆ Wie heißt das auf Deutsch?
○ Das ist eine Orange.
◆ Und was ist das?
○ Das ist ein Würstel.

die Tomate = der Paradeiser

## B3 Ergänzen Sie.

a
Das ist kein Apfel.
Das ist eine Tomate.

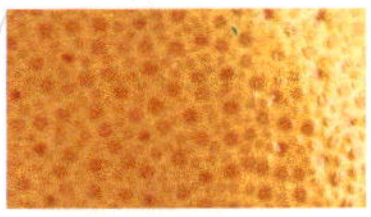

b
Das ist keine Kiwi.
Das ist eine Orange.

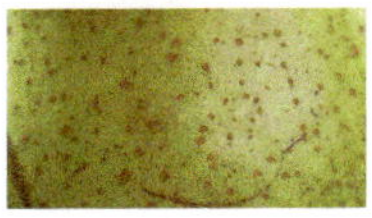

c
Das ist keine Tomate.
Das ist eine Birne.

d
Das ist kein Kuchen.
Das ist ein Brot.

e
Das ist kein Würstel.
Das ist ein Ei.

f
Das ist keine Birne.
Das ist eine Banane.

## B4 Spiel: Zeichnen Sie. Die anderen raten: Was ist das?

◆ Ist das ein Würstel?
○ Nein, das ist kein Würstel.
◆ Eine Banane?
○ Ja, genau. Das stimmt.

# C Kaufst du bitte zehn **Eier**?

1 🔊 53 **C1 Hören Sie und ordnen Sie zu.**

~~Eier~~ ~~Bananen~~ ~~Palatschinken~~

A

B

C

zehn Eier
zwei Bananen
zwanzig Palatschinken

**C2 Ordnen Sie zu.**

~~Kiwis~~ ~~Äpfel~~ Orangen Brote Eier ~~Bananen~~ Tomaten Birnen Würstel

Im Einkaufswagen sind
- Kiwis
- ...

Im Einkaufswagen sind keine
- Äpfel
- ... Orangen

| singular | | plural |
|---|---|---|
| ein | Apfel | Äpfel |
| ein | Kuchen | Kuchen |
| ein | Brot | Brote |
| ein | Ei | Eier |
| eine | Banane | Bananen |
| eine | Kiwi | Kiwis |

| | | |
|---|---|---|
| kein | Apfel | keine Äpfel |
| kein | Ei | keine Eier |
| keine | Kiwi | keine Kiwis |

**C3 Suchen Sie im Wörterbuch und ergänzen Sie.**

eine Kartoffel ein Joghurt eine Zwiebel ein Fisch

zwei Kartoffeln
drei ...
vier ...

die Kartoffel

die **Kar|tof|fel** [kar'tɔfl̩]; -, -n: *außen braunes, innen gelbes Gemüse, das unter der Erde wächst:* feste, mehlige Kartoffeln; rohe, gekochte Kartoffeln; Kartoffeln schälen, pellen, abgießen. *Syn.:* Erdapfel (bes. österr.). *Zus.:* Speisekartoffel, Winterkartoffel.

die Kartoffel = der Erdapfel

**C4 Suchbild: Was ist in Regal B anders?**
Sprechen Sie mit Ihrer Partnerin / Ihrem Partner und finden Sie die sieben Unterschiede.

A

In Regal A sind drei Bananen.

B

In Regal B sind keine Bananen.

SCHON FERTIG? Was kaufen Sie oft? Suchen Sie die Wörter im Wörterbuch.

# D Preise und Mengenangaben

1 54 **D1 Zahlen: Hören Sie und verbinden Sie.**

a 0,20 € — dreißig Cent
b 0,30 € — sechzig Cent
c 0,40 € — zwanzig Cent
d 0,50 € — fünfzig Cent
e 0,60 € — vierzig Cent

f 0,70 € — siebzig Cent
g 0,80 € — hundert Cent / ein Euro
h 0,90 € — achtzig Cent
i 1,00 € — neunzig Cent

80 achtzig
85 fünfundachtzig
41 ei~~n~~sundvierzig

1 55-56 **D2 Preise: Hören Sie und kreuzen Sie an.**

a ☒ Paradeiser: 2,65 € ○ Paradeiser: 2,56 € ○ Paradeiser: 0,65 €
○ Birnen: 1,17 € ☒ Birnen: 1,70 € ○ Birnen: 0,71 €
b ○ Fisch: 0,29 € ☒ Fisch: 9,20 € ○ Fisch: 29 €
☒ Eier: 0,89 € ○ Eier: 0,98 € ○ Eier: 9,80 €

1 57 **D3 Schauen Sie den Prospekt an und hören Sie.**

**a** Welche Produkte hören Sie? Kreuzen Sie an.

**b** Schauen Sie den Prospekt an. Fragen Sie und antworten Sie.

◆ Wie viel / Was kosten 15 Deka Käse?
○ 15 Deka Käse kosten ... 1,30 €

◆ Wie viel / Was kostet ein Packerl Topfen?
○ Ein Packerl Topfen kostet ... 1,20

1 kg = 1 Kilo / 1 Kilogramm
100 g = 100 Gramm
10 dag = 10 Deka = 100 Gramm
500 g = ein halbes Kilo
1 l = Liter

eine Flasche Almdudler
ein Packerl Topfen
ein Becher Schlagobers
eine Dose Bier

# E Einkaufen und kochen

## 1 58 E1 Auf dem Markt

a Was kauft Herr Graf? Hören Sie und kreuzen Sie an. ○ Erdäpfel. ○ Äpfel. ○ Eier.

b Wer sagt das? Kreuzen Sie an und hören Sie dann noch einmal.

| | *Verkäuferin* | *Kunde* |
|---|---|---|
| Guten Tag. Ich hätte gern Erdäpfel. | ○ | ☒ |
| Gern. Wie viel möchten Sie denn? | ○ | ○ |
| Ich brauche auch noch Äpfel. | ○ | ○ |
| Ja, bitte. Haben Sie Eier? | ○ | ○ |
| Nein, tut mir leid. | ○ | ○ |
| Nein, danke. Das ist alles. | ○ | ○ |

## E2 Rollenspiel

a Was brauchen Sie heute? Spielen Sie ein Gespräch mit Ihrer Partnerin / Ihrem Partner.

*Verkäuferin/Verkäufer*

◆ Bitte schön?
Kann ich Ihnen helfen?

*Kundin/Kunde*

○ Ich möchte | Birnen.
○ Ich hätte gern | Spinat.
○ Ich brauche | Semmeln.
○ Wo finde ich | …?
○ Haben Sie | …?

◆ Wie viel (brauchen/möchten/hätten Sie denn gern)?

○ Ein halbes Kilo Brot.
○ Ein Kilo Lauch.
○ Drei Birnen.
○ 10 Deka Wurst.
○ …

◆ Gern./Hier, bitte. (Möchten Sie) Sonst noch etwas?

○ Nein, danke. Das ist alles.

◆ (Das macht/kostet dann) … Euro, bitte.

| „möchte" | |
|---|---|
| ich | möchte |
| du | möchtest |
| er/sie | möchte |
| wir | möchten |
| ihr | möchtet |
| sie/Sie | möchten |

b Spielen Sie weitere Gespräche. Tauschen Sie auch die Rollen.

| | | Verkäuferin/Verkäufer | Kundin/Kunde |
|---|---|---|---|
| 1 | IM OBST- UND GEMÜSEGESCHÄFT | 3 Birnen kosten 1,40 €.<br>1 Kilo Lauch kostet 2,79 €.<br>Ein halbes Kilo Spinat kostet 1,40 €. | Sie möchten Obst und Gemüse kaufen: 3 Birnen, 1 Kilo Lauch und ein halbes Kilo Spinat. |
| 2 | IN DER BÄCKEREI | Eine Semmel kostet 0,30 €.<br>Ein halbes Kilo Brot kostet 1,50 €. | Sie brauchen 10 Semmeln und ein halbes Kilo Brot. |
| 3 | BEIM FLEISCHHAUER | 10 Deka Faschiertes kosten 0,69 €.<br>10 Deka Wurst kosten 1,89 €. | Sie möchten 1 Kilo Faschiertes und 10 Deka Wurst. |

## E3 Teigtascherl: internationale Rezepte

a Wo heißen Teigtascherl so? Lesen Sie den Text und ergänzen Sie.

Kasnudeln Österreich
Jiǎozi ........
Pelmeni ........
Mantı ........

b Lesen Sie noch einmal. Was brauchen Sie für alle Teigtascherl? Kreuzen Sie an.
○ Mehl ○ Eier ○ Zwiebeln ○ Faschiertes ○ Salz ○ Wasser

Teigtascherl   Kategorie Rezepte

*Thomas, Spittal a.d. Drau*

### *Kärntner Kasnudeln* weiter

Grüß Gott, ich bin der Thomas. Ich komme aus Spittal an der Drau. Ich mache gern Kasnudeln, eine Spezialität aus Kärnten.

**Für den Teig** brauchen Sie ein halbes Kilo Mehl, drei Eier, Salz und Wasser.
**Für die Fülle** brauchen Sie 60 dag Erdäpfel, 60 dag Bröseltopfen, Butter, Zwiebeln, Salz, Pfeffer, Minze und Kerbel.

*Lian, Schanghai*

### *Jiǎozi* weiter

Guten Tag, mein Name ist Lian. Ich komme aus Schanghai. In China haben wir natürlich auch Teigtascherl. Sie heißen Jiǎozi.

**Möchten Sie Original Jiǎozi machen?** Sie brauchen nur 400 g Mehl, 100 ml Wasser und **für die Fülle** Faschiertes (oder Gemüse) und Salz.

*Oleg, Nischni Nowgorod*

### *Pelmeni* weiter

Hallo, ich bin Oleg und komme aus Russland. Ich lebe in Nischni Nowgorod und ich liebe Teigtascherl! Hier heißen sie Pelmeni. Das ist mein Pelmeni-Rezept:

**Sie brauchen** 250 g Mehl, zwei Eier, Wasser und Salz für den Teig. **Für die Fülle** brauchen Sie 400 g Faschiertes, Butter, zwei Zwiebeln, Knoblauch, Salz, Pfeffer. Und Sauerrahm!

*Günay, Innsbruck*

### *Mantı* weiter

Hallo! Ich bin Günay und komme aus der Türkei. Ich lebe in Innsbruck und in Izmir. Wir Türken haben auch Teigtascherl. Sie heißen Mantı. Hier kommt mein Mantı-Rezept:

**Sie brauchen** 375 g Mehl, 100 ml Wasser und ein Ei.
**Für die Fülle:** eine Zwiebel, ein viertel Kilo Faschiertes, Petersilie, Knoblauch, Salz und Pfeffer. Mit Butter und Joghurt essen!

## E4 Kennen Sie auch Teigtascherl?

Wie heißen sie in Ihrem Land?
Was brauchen Sie für die Teigtascherl?
Schreiben Sie und zeigen Sie ein Foto.

Italien: Ravioli
Teig: Mehl, Eier, Salz
Fülle: Spinat, Topfen (Ricotta), Käse, Salz, Pfeffer, Muskat

## Grammatik

### 1 Ja-/Nein-Frage ÜG 10.03

| Frage | | | Antwort |
|---|---|---|---|
| *Position 1* | | | |
| Haben | wir | Zucker? | Ja. |
| Brauchst | du | Reis? | Nein. |

Merke:
Wir haben Zucker.
Haben wir Zucker?

### 2 Fragen: Ja-/Nein-Frage und W-Frage ÜG 10.03

| Frage | | | Antwort |
|---|---|---|---|
| | *Position 2* | | |
| Was | brauchen | Sie? | Eier. |
| Brauchen | Sie | Salz? | Ja./Nein. |

### 3 Artikel: indefiniter Artikel und Negativartikel ÜG 2.01–2.03

| | unbestimmter Artikel | Negativartikel |
|---|---|---|
| | Das ist ... | |
| Singular | • ein Apfel. | • kein Apfel. |
| | • ein Ei. | • kein Ei. |
| | • eine Banane. | • keine Banane. |
| | Das sind ... | |
| Plural | • – Birnen. | • keine Birnen. |

ein → kein
ein → kein
eine → keine
/ → keine

### 4 Nomen: Singular und Plural ÜG 1.02

| Singular | Plural |
|---|---|
| • ein Apfel | • Äpfel |
| • ein Kuchen | • Kuchen |
| • ein Brot | • Brote |
| • ein Ei | • Eier |
| • eine Banane | • Bananen |
| • eine Kiwi | • Kiwis |

Was kaufen Sie oft? Was kaufen Sie nie? Notieren Sie.

*Ich kaufe oft: Äpfel ...*

*Ich kaufe nie: Würstel ...*

### 5 Verb: Konjugation ÜG 5.10

| „möchte“ | |
|---|---|
| ich | möchte |
| du | möchtest |
| er/sie | möchte |
| wir | möchten |
| ihr | möchtet |
| sie/Sie | möchten |

## Kommunikation

**NACHFRAGEN:** Wie heißt das auf Deutsch?

*Was ist das? Das ist doch kein Ei.* — *Das ist eine Orange.*
*Ist das ein Würstel?* — *Ja, genau. Das stimmt. / Nein.*
*Wie heißt das auf Deutsch?* — *(Das ist ein) Apfel.*

**BEIM EINKAUFEN:** Bitte schön?

*Kann ich Ihnen helfen?*
*Kann ich dir helfen?*
*Bitte schön?*

*Wo finde ich Semmeln?*
*Ich hätte gern Erdäpfel.*
*Haben Sie Eier?*
*Ich möchte Birnen.*

*Wie viel (brauchen/möchten/ hätten Sie denn gern)?* — *Ein Kilo.*
*Was / Wie viel kostet ein Kilo Orangen?* — *Das macht/kostet (dann) 2 Euro 50, bitte.*
*Was / Wie viel kosten 10 Deka / 100 Gramm Käse?* — *10 Deka / 100 Gramm Käse kosten 2 Euro 45.*
*Gern. / Hier, bitte. (Möchten Sie) Sonst noch etwas?* — *Ja, bitte. / Nein, danke. Das ist alles.*

**MENGENANGABEN:** ein Liter Milch

*1 Kilo Erdäpfel | ein halbes Kilo Äpfel | 10 Deka Käse*
*eine Flasche Almdudler | eine Dose Bier*
*ein Packerl Topfen | ein Becher Schlagobers*

**PREISE:** ein Euro zehn

*0,10 € = zehn Cent | 1,00 € = ein Euro | 1,10 € = ein Euro zehn*

**STRATEGIEN:** Ja, bitte.

*Ja, natürlich. | Nein, tut mir leid. | Ja, bitte. | Nein, danke.*

Schreiben Sie Fragen und Antworten.

Meine Frage: Was ist das ?
Antwort: Das ist … .
Meine Frage: ………………………… ?
Antwort: ………………………… .

Schreiben Sie ein Gespräch.

V: Bitte schön?
K: …
V: …………………………
K: …………………………

Verkäufer = V, Kunde = K

## Lernziele

Ich kann jetzt …

A … einen Einkaufszettel schreiben:
*Käse, Tee, Eier …* ☺ 😐 ☹
B … nach einem Wort fragen:
*Wie heißt das auf Deutsch?* ☺ 😐 ☹
C … Mengen nennen:
*zwei Bananen, ein Kilo Birnen …* ☺ 😐 ☹
D … Preise und Mengen von Lebensmitteln sagen und verstehen:
*Was kosten 10 Deka Käse? – 2,45 €.* ☺ 😐 ☹
E … sagen: Das möchte ich kaufen:
*Kann ich Ihnen helfen? – Ich hätte gern Faschiertes.* ☺ 😐 ☹
… ein einfaches Rezept lesen ☺ 😐 ☹

Ich kenne jetzt …

**… 8 Obst- und Gemüsesorten:**

Apfel, …

**… 5 Mengenangaben:**

Kilogramm, Becher, …

PROJEKT

## Das Lebensmittel-Alphabet

Sammeln Sie Lebensmittel von A bis Z. Arbeiten Sie auch mit dem Wörterbuch.

A nanas
B
C
D
E
F
G
H
I
J
K
L
M
N
O
P
Q
R
S
T
U
V
W
X
Y
Z

PROJEKT

## Ein Gericht aus meinem Heimatland

1 Was brauchen Sie? Schreiben Sie einen Einkaufszettel.

Kartoffeln, Zwiebeln, Eier, Salz ...

2 Kochen Sie das Gericht daheim und machen Sie ein Foto. Zeigen Sie das Foto im Kurs.

3 Machen Sie nun ein „Kurs-Kochbuch".

ÖSTERREICH-SPEZIAL

# Österreichische Gerichte

**1** Schauen Sie die Fotos an. Kennen Sie die Speisen? Sprechen Sie.

A
Tafelspitz (Wien)

B
Kässpätzle (Vorarlberg)

C
Salzburger Nockerln (Salzburg)

D
Tiroler Knödel (Tirol)

E
Sachertorte (Wien)

F
Kärntner Reindling (Kärnten)

**2** Lesen Sie die Rezepte und ordnen Sie sie den Speisen in 1 zu.

| Foto | A | B | C | D | E | F |
|---|---|---|---|---|---|---|
| Rezept | | | 1 | | | |

1
6 Eier, 3 dag Zucker, 2 dag Mehl, etwas Milch

2
1 kg Fleisch, 1 Zwiebel, 1 Karotte, Pfeffer, Salz

3
4 Semmeln, 2 Eier, 25 dag Speck, 1 Zwiebel, Butter, Milch, Mehl, Salz

4
50 dag Mehl, Germ, 25 dag Butter, 25 dag Zucker, 3 Eier, Milch, Rosinen, Zimt, Nüsse

5
6 Eier, 25 dag Zucker, 15 dag Mehl, 15 dag Butter, 15 dag Schokolade

6
4 Eier, 40 dag Mehl, Milch, Salz, Pfeffer, Butter, Käse, Zwiebel

**3** Schreiben Sie einen Einkaufszettel. Fragen Sie und antworten Sie.

- Ich kaufe Mehl und Eier.
- Machst du Salzburger Nockerln?
- Nein, ich kaufe auch Käse.
- Du machst Kässpätzle, oder?

Mehl, Eier, ...

# Meine Wohnung

**1 Schauen Sie die Fotos an.**

a Was meinen Sie? Wo sind Tim und Lara? ○ in Laras Wohnung ○ in Tims Wohnung

b Zeigen Sie. • eine Lampe • ein Zimmer • eine Küche • ein Bad

c Was meinen Sie? Kreuzen Sie an.

1 Die Lampe ist

☒ alt.  ○ neu. 

2 Das Bad ist

○ groß.  ○ klein. 

5 Die Küche ist

○ schön. 

○ hässlich. 

3 Laras Zimmer ist

○ hell.  ○ dunkel. 

4 Laras Zimmer ist

○ teuer.  ○ billig. 

1 59-66 **2 Hören Sie und vergleichen Sie.**

1 59-66 **3 Was ist richtig? Hören Sie noch einmal und kreuzen Sie an.**

a ○ Walter hat eine Lampe für Lara.
b ○ Walter kennt Tim.
c ○ Lara, Sofia und Lili wohnen zusammen.
d ○ Laras Zimmer ist groß, hell und teuer.
e ○ Tims Zimmer ist dunkel, hässlich und teuer.
f ○ Walter wohnt auch in der Wohnung.
g ○ Sofia ist die Tochter von Walter und die Mutter von Lara.

hässlich = schiech
(sprich: schiach)

# A Das Bad ist dort.

## A1 Sofias Traumwohnung

Ordnen Sie zu.

- 9 • das Schlafzimmer
- 7 • das Bad
- 4 • das Vorzimmer
- 5 • das Arbeitszimmer
- 3 • die Küche
- 10 Laras Zimmer
- 8 • das Kinderzimmer
- 6 • die Toilette
- 1 • der Balkon
- 2 • das Wohnzimmer

| • der Balkon | • das Bad | • die Küche |
|---|---|---|

## A2 Das ist das Haus.

1 🔊 67 **a** Hören Sie das Gespräch und ergänzen Sie *der*, *das* oder *die*.

| | | |
|---|---|---|
| ein Balkon | → | • der Balkon |
| ein Bad | → | • das Bad |
| eine Küche | → | • die Küche |

- ◆ Das ist das Haus. Schön, oder?
- ○ Na ja. Schön und teuer. Sagen Sie einmal, ist da auch ein Arbeitszimmer?
- ◆ Ja, sicher! Das Arbeitszimmer ist dort.
- ▲ Und ist da auch eine Küche?
- ◆ Sicher. Da ist den Balkon. Und dort ist die Küche.

**b** Variieren Sie.

- ◆ Sagen Sie einmal, ist da auch ein Arbeitszimmer ?
- ○ Ja, sicher! Das Arbeitszimmer ist dort.

Varianten:

• das Schlafzimmer • die Küche • das Bad • die Toilette • der Balkon

| | |
|---|---|
| Wo? | Da. / Hier. •<br>Dort. ⟶ • |

## A3 Meine Traumwohnung: Zeichnen Sie und sprechen Sie.

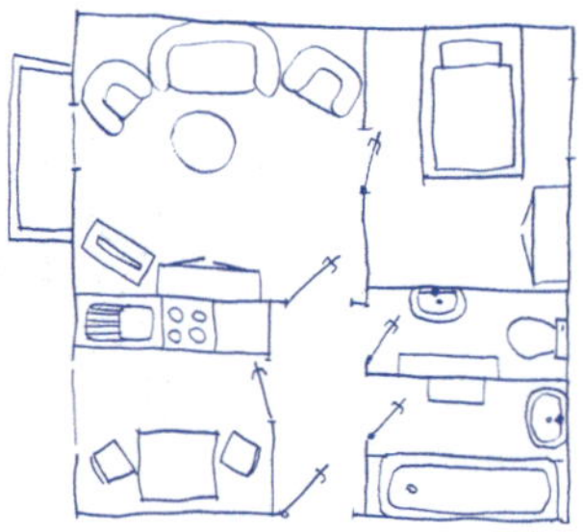

- ◆ Das ist meine Wohnung.
- ○ Oh, schön! Wo ist denn die Küche?
- ◆ Da.
- ○ Ist das da das Bad?
- ◆ Ja, das da ist das Bad.

# B Das Zimmer ist sehr schön. Es kostet ...

4

1 🔊 68 **B1 Was ist richtig? Hören Sie und kreuzen Sie an.**

◆ Das Zimmer ist ☒ sehr ○ nicht schön. Aber es ist teuer, oder?
○ Nein. Das Zimmer ist ○ sehr ☒ nicht teuer.
Es kostet 150 Euro.
◆ 150 Euro? Du, das ist aber ☒ sehr ○ nicht billig.
Mein Zimmer kostet 350 Euro im Monat.

| | |
|---|---|
| Das Zimmer ist | teuer. |
| | sehr teuer. |
| | nicht teuer. |

- der Balkon → er
- das Bad → es
- die Wohnung → sie

## B2 Eine neue Wohnung

**a** Lesen Sie die Nachrichten und markieren Sie wie im Beispiel.

Hallo Felix, wie ist die neue Wohnung?

Nicht so schön. Sie ist groß, aber sehr dunkel.

Und das Bad?

Es ist klein und auch dunkel. ☹

Ist dort auch ein Vorzimmer?

Ja. Es ist sehr klein.

**b** Lesen Sie die Nachrichten und ergänzen Sie *er*, *es* oder *sie*.

Und? Wie ist dein Zimmer in Linz?

Es ist klein, aber sehr hell. Der Balkon ist schön. Er ist sehr groß.

Was, ein Zimmer mit Balkon? Super!

Die Küche ist aber nicht so schön. Sie ist klein und hässlich.

## B3 Partnerspiel: Wo wohne ich? Raten Sie.

| | | | | | |
|---|---|---|---|---|---|
| neu | ↔ | alt | breit | ↔ | schmal |
| billig | ↔ | teuer | schön | ↔ | hässlich |
| groß | ↔ | klein | hell | ↔ | dunkel |

◆ Wo wohne ich? Mein Haus ist sehr schmal. Es ist nicht teuer. Und es ist schön.
○ Ist es hell?
◆ Nein, es ist dunkel.
○ Wohnst du in Haus D?
◆ Ja, richtig.

A

B

C

D

E

F

# C Die **Möbel** sind sehr schön.

## C1 Was ist was? Ordnen Sie zu und ergänzen Sie.

• der Kasten = • der Schrank
• die Couch = • das Sofa

• ~~die Lampe~~ • ~~der Kasten~~ • der Kühlschrank • die Couch • der Tisch • der Sessel • das Bett • die Waschmaschine • der Fernseher • der Herd • ~~die Dusche~~ • die Badewanne • die Abwasch • der Teppich • das Regal • der Polstersessel

| Möbel | | Elektrogeräte | | das Bad (Bathroom) | |
|---|---|---|---|---|---|
| 3 | der Kasten | 1 | die Lampe | 9 | die Dusche |
| 6 | der Tisch | 8 | die Waschmaschine | 10 | die Badewanne |
| 7 | der Sessel | 14 | der Herd | 11 | die Abwasch |
| 15 | die Couch | 2 | der Fernseher | | |
| 12 | das Bett | 4 | der Kühlschrank | | |
| 13 | der Teppich | | | | |
| 16 | das Regal | | | | |
| 5 | der Polstersessel (Armchair) | | | | |

## C2 Wie gefallen dir …?

1 🔊 69 **a** Hören Sie und ergänzen Sie *der*, *das* oder *die*.

◆ Da sind Kästen und Betten.
Wie gefallen Ihnen denn die Kästen?
○ Sehr gut. Die Farbe ist sehr schön.
▲ Das finde ich auch. Und da – wie gefällt dir das Bett?
○ Nicht so gut. Es ist sehr groß.
Aber da, wie gefällt dir der Teppich?
▲ Gut. Er ist sehr schön.
○ Schau einmal! Wie gefällt dir die Lampe dort?
▲ Ganz gut. Sie ist sehr modern!
Sagen Sie, wo sind denn die Tische?
◆ Sie sind dort. – They are there
▲ Ah ja, danke.
◆ Schauen Sie, wie gefällt Ihnen der Tisch hier?
○ Es geht.

| | | | |
|---|---|---|---|
| der Kasten | → ● die/zwei | | Kästen |
| der Tisch | → ● die/zwei | | Tische |
| – | | | Möbel |

**b** Markieren Sie in a und ergänzen Sie.

| ☹ | 😐 | ☺ | ☺☺ |
|---|---|---|---|
| Nich so gut | Es geht | ganz gut / Gut | sehr gut |

Wie gefällt dir/Ihnen der Tisch?
Wie gefallen dir/Ihnen die Betten?

**c** Schauen Sie die Möbel in C1 an und sprechen Sie.

*Wie gefallen dir denn die Sessel?*
*Sehr gut. Sie sind sehr modern.*
*Wie gefällt dir der Teppich?*
*Nicht gut. Er ist sehr klein.*

## C3 In Ihrer Wohnung

Sprechen Sie mit Ihrer Partnerin / Ihrem Partner über Ihre Möbel.

◆ Mein Kühlschrank ist dunkelrot.
Und dein Kühlschrank?
○ Mein Kühlschrank ist weiß.
Meine Sessel sind schwarz.
Und deine …?
◆ Meine …

| | | |
|---|---|---|
| hell | ↔ | dunkel |
| hellrot | ↔ | dunkelrot |

# D Wohnungsanzeigen

1 🔊 70 **D1 Hören Sie und sprechen Sie nach.** Die

| 100 | 200 | 300 | 400 | 500 | 600 | 700 |
|---|---|---|---|---|---|---|
| (ein-)hundert | zweihundert | dreihundert | vierhundert | fünfhundert | sechshundert | siebenhundert |

| 800 | 900 | 1.000 | 10.000 | 100.000 | 1.000.000 |
|---|---|---|---|---|---|
| achthundert | neunhundert | tausend | zehntausend | hunderttausend | eine Million |

1 🔊 71-73 **D2 Was ist richtig? Hören Sie und kreuzen Sie an.**

1 Was kostet die Couch?
- ○ 92 €
- ☒ 299 €
- ○ 2.099 €

2 Wie ist die Telefonnummer?
- ○ 708 101
- ○ 107 801
- ☒ 701 108

3 Wie groß ist das Kinderbett?
- ☒ 60 cm x 120 cm
- ○ 60 cm x 160 cm
- ○ 160 cm x 120 cm

1 cm = ein Zentimeter
60 x 120 cm = sechzig mal hundertzwanzig Zentimeter

**D3 Diktieren Sie Ihrer Partnerin / Ihrem Partner. Sie/Er schreibt.**

Daheim nummer

+40 255 220 226

Handy nummer

+39 348 74 942 14

Arbeit nummer

Meine Nummer daheim ist …

Meine Handynummer ist …

Meine Nummer in der Arbeit ist …

**D4 Lesen Sie die Anzeigen und markieren Sie in zwei Farben.**

How big is the apartment

How — Wie groß ist die Wohnung?
Was kostet sie im Monat?

How much does it cost per month?

A
Nettes Ehepaar mit Kind sucht eine **3-4-Zimmer-Wohnung mit Garten für 1 Jahr**, **bis 1.100,– €**, Tel. 0662/901 72 31

B
**Vermiete Apartment, 36 m²**, Zi + Kabinett, neue Küche, 440,– €, Nebenkosten 60,– €, 3 Monatsmieten Kaution, Tel. 23 75 95

C
**Super:** 3-Zimmer-Wohnung, 13. Stock, ca. 60 m², Küche, Bad, **von privat**, 950 Euro, Tel. 03 16/98 86 789, ab 19 Uhr

D
!! Frau (35 Jahre) sucht ab sofort **2-Zi.-Whg.** mit Balkon in Seekirchen bis **max. 750 € inkl. NK.** Ich freue mich auf Ihren Anruf unter Tel. 0 42 42 / 111 537 !!

E
Schöne möblierte **1-Zi.-Wohnung,** ca. 33 m², Balkon, TV, Einbauküche, 588,– € + Garage, Tel. 07752/7432813

1 m² = ein Quadratmeter
das Kabinett = kleines Zimmer
NK = Nebenkosten (Strom, Gas, …)

**D5 Sie suchen eine Wohnung. Welche Anzeige passt? Ergänzen Sie.**

a Sie möchten eine Wohnung mit Balkon. E
b Sie möchten nur 400 bis 500 Euro Miete bezahlen. B
c Sie brauchen drei Zimmer. C

b) They only want to pay 400 to 500 rent

**SCHON FERTIG?** Sie suchen eine Wohnung. Schreiben Sie eine Anzeige.

## E Am Telefon

1 74 **E1 Was ist richtig? Hören Sie das Telefongespräch und kreuzen Sie an.**

who — a Wer verkauft (sold) etwas? ○ Frau Häusler ⊗ Herr Schuster — who sells something?
what — b Was verkauft er/sie? ○ Computertisch ⊗ Schreibtisch — what is he/she selling?

1 74 **E2 Hören Sie noch einmal und ordnen Sie die Fragen zu.**

Sind Sie heute daheim? | ~~Welche Farbe hat der Tisch?~~ | Und wie groß ist er? | Und wo wohnen Sie, bitte?

Schreibtisch, sehr schön,
nur ein Jahr alt. 120 €.
Tel.: 03 68/ 224 35

- ◆ Schuster. Grüß Gott.
- ○ Grüß Gott, da ist Häusler. Sie verkaufen doch einen Schreibtisch, richtig?
- ◆ Stimmt.
- ○ Gut. Welche Farbe hat der Tisch?
- ◆ Also, der Tisch ist dunkel, dunkelbraun.
- ○ Aha, das passt, ja. Und wie groß ist er?
- ◆ Circa zwei Meter lang und 60 Zentimeter breit.
- ○ Hm ... Wie lang ist er denn genau?
- ◆ Na ja, genau ist er zwei Meter und zwei Zentimeter lang.
- ○ Passt! Ich möchte den Tisch gern anschauen. Sind sie heute daheim?
- ◆ Ja, bin ich.
- ○ Und wo wohnen sie, bitte?
- ◆ In der Ennstaler Straße 76.

1 Meter (m) = 100 Zentimeter (cm)

**E3 Wählen Sie eine Anzeige und spielen Sie ein Telefongespräch.**

Von privat: Couch, dunkelrot
2 m lang
Preis: 150 Euro
**Tel. 97 35 63**

Fernseher
nur 120 €!
schwarz,
3 Jahre alt
**Tel. 0174/93 12 586**

Kühlschrank
1 Jahr alt,
200 Euro,
85 cm hoch
**Tel. 202/5123**

*Grüß Gott. Ist die/der ... noch da?* (die Couch)
*Wie groß/breit/hoch/alt ist sie/er denn?*
*Was kostet sie/er denn?*
*Und wo wohnen Sie, bitte?*
*Sind Sie heute/morgen/... daheim?*

*Ja./Nein.*
*Circa ... / Genau ...*
*... Euro.*
*In der ...straße.*
*Ja, bin ich. / Ja, ich bin da. / Nein, ich bin nicht da.*

genau zwei Meter = 2,00 m
circa/ungefähr zwei Meter = 2,02 m

# Grammatik und Kommunikation

## Grammatik

### 1 Definiter Artikel ÜG 2.01, 2.02

| | | definiter Artikel |
|---|---|---|
| Singular | Da ist | • der Balkon. |
| | Da ist | • das Bad. |
| | Da ist | • die Küche. |
| Plural | Da sind | • die Kinderzimmer. |

**TIPP**

Notieren Sie Wörter immer mit *der, das, die* und mit Farbe.

• das Bad

### 2 Personalpronomen ÜG 3.01

| | | Personalpronomen |
|---|---|---|
| | Wo ist ... | |
| Singular | • der Balkon? | Er ist dort. |
| | • das Bad? | Es ist dort. |
| | • die Küche? | Sie ist dort. |
| | Wo sind ... | |
| Plural | • die Kinderzimmer? | Sie sind dort. |

der → er
das → es
die → sie

### 3 Negation ÜG 9.01

Der Sessel ist nicht schön.
Walter wohnt nicht da.
Sie haben keine Möbel.

## Kommunikation

**GEFALLEN / MISSFALLEN:** Wie gefällt dir/Ihnen der Tisch?

| | |
|---|---|
| *Wie gefällt dir/Ihnen der Tisch?* | *Sehr gut.* |
| *Wie gefallen dir/Ihnen die Betten?* | *Gut.* |
| | *Ganz gut.* |
| | *Es geht.* |
| | *Nicht so gut.* |

**NACH DEM ORT FRAGEN:** Wo ist die Küche?

| | |
|---|---|
| *Wo ist denn die Küche?* | *Da. / Dort.* |
| *Ist da auch ein Arbeitszimmer?* | *Ja. Dort. / Das Arbeitszimmer ist da/dort.* |
| *Ist das da das Bad?* | *Ja, das da ist das Bad.* |

Schreiben Sie ein Gespräch.

○ Wie gefällt Ihnen ...
◇ ...

**BESCHREIBEN:** Wie ist dein Zimmer?

| | |
|---|---|
| *Wie ist dein Zimmer?* | *Es ist teuer. / nicht teuer. / sehr teuer.* |
| *Wie lang/breit/hoch/... ist der Tisch?* | *Circa/Genau zwei Meter.* |
| *Wie groß ist das Bett?* | *Sechzig mal hundertzwanzig Zentimeter.* |
| *Welche Farbe hat der Tisch?* | *Er ist dunkelbraun.* |

**EIN TELEFONGESPRÄCH FÜHREN:** Sie verkaufen doch ...?

| | |
|---|---|
| *Grüß Gott.* | |
| *Ist der/das/die ... noch da?* | *Ja./Nein.* |
| *Wie groß/breit/hoch/alt ist er/es/sie denn?* | *Circa/Genau ... Zentimeter/Meter breit/... Circa/Genau ein Jahr/zwei Jahre alt.* |
| *Was kostet er/es/sie denn?* | *... Euro.* |
| *Und wo wohnen Sie, bitte?* | *In der ...straße.* |
| *Sind Sie heute/morgen/... daheim?* | *Ja, bin ich. / Ja, ich bin da. / Nein, ich bin nicht da.* |

**STRATEGIEN:** Sagen Sie einmal, ...

*Sagen Sie einmal, ... / Sag einmal, ...*
*Ja, richtig. | Aha, gut! | Aha, das passt.*
*..., nicht? | ..., oder? | ..., richtig?*
*Oh, ... | Also, ...*
*Schau einmal! / Schauen Sie einmal!*
*Ah ja, danke.*

Wie ist Ihr (Traum-)Zimmer / Ihre (Traum-)Wohnung? Schreiben Sie.

Ich habe ein Zimmer und eine Küche. Das Zimmer ist nicht dunkel ...

Das Zimmer ist dunkel. = Das Zimmer ist finster.

## Lernziele

Ich kann jetzt ...

A ... Zimmer benennen:
*Das ist meine Wohnung. Das ist die Küche.* ☺ 😐 ☹

B ... Häuser und Wohnungen beschreiben:
*Das Haus ist sehr schmal. Die Wohnung ist nicht teuer.* ☺ 😐 ☹

C ... sagen: Das gefällt mir (nicht):
*Die Sessel sind (nicht) schön.* ☺ 😐 ☹

D ... bis eine Million zählen:
*tausend, zehntausend, hunderttausend, eine Million* ☺ 😐 ☹

... Wohnungsanzeigen verstehen:
*Schöne möblierte 1-Zi.-Wohnung ...* ☺ 😐 ☹

E ... Kleinanzeigen verstehen und ein Telefongespräch führen:
*Welche Farbe hat der Tisch und wie lang ist er?* ☺ 😐 ☹

Ich kenne jetzt ...

**... 5 Zimmer:**

das Arbeitszimmer, ...

**... 5 Möbelstücke:**

der Kasten, ...

SCHREIBEN

## Garçonnière frei!

1 Lesen Sie die Anzeige und korrigieren Sie die Sätze 1–4.

**Vermiete Garçonnière!**
Ab Juli ist eine Garçonnière frei. Das Zimmer ist ca. 40 Quadratmeter groß. Die Möbel sind schon da: ein Bett, ein Kasten, eine Couch, ein Tisch und zwei Sessel. Die Küche, der Balkon und das Bad sind klein. Im Bad sind eine Toilette und eine Dusche. Die Wohnung ist hell und ruhig und billig! Ja, wirklich: Sie kostet nur 380 Euro im Monat.

Tel. 01/213 22 22 22
Tel. 01/213 22 22 22
Tel. 01/213 22 22 22
Tel. 01/213 22 22 22
Tel. 01/213 22 22 22

● die Garçonnière = ● die 1-Zimmer-Wohnung

1 Das Zimmer ist ~~380~~ Quadratmeter groß.
*40 Quadratmeter*

2 Es ist hell, ruhig und teuer.

3 Das Zimmer ist möbliert: ein Bett, ein Kasten, ein Schreibtisch, ein Tisch und drei Sessel.

4 Das Bad hat eine Badewanne.

2 Schreiben Sie eine Anzeige für Ihr Zimmer.

*Das Zimmer ist 16 m² groß.*
*Es ist sehr klein.*
*Es ist ruhig und billig. Es kostet ...*

PROJEKT

## (M)Eine Traumwohnung

1 Fotografieren Sie Ihre Wohnung oder suchen Sie Fotos von Ihrer Traumwohnung im Internet.

2 Zeigen Sie die Fotos im Kurs Ihren Partnern/Partnerinnen am Tisch und sprechen Sie.

Das ist mein Wohnzimmer. Es ist sehr schön. Die Couch ist weiß ...

Das ist meine Traumwohnung. Die Küche ist sehr groß und hell. Die Möbel sind neu ...

LIED

# Das ist die Küche.

1 75

1 Hören Sie das Lied. Welche Zimmer hören Sie? Notieren Sie.

Küche,

2 Lesen Sie den Liedtext und hören Sie das Lied noch einmal an.
Singen Sie mit und machen Sie die Bewegungen.

1

*Das ist die* ***Küche****.*

*Die Küche ist sehr* ***klein*** *und leider ziemlich* ***dunkel****.*

2

*Das ist das* ***Wohnzimmer****.*

*Das Wohnzimmer ist* ***groß*** *und es ist sehr* ***hell****.*

3

*Das ist das* ***Schlafzimmer****.*

*Das Schlafzimmer ist* ***schön*** *und es ist sehr* ***ruhig****.*

quiet

4

*Das ist das* ***Haus****.*

*Das Haus ist sehr* ***groß****, aber es ist* ***teuer****.*

# Mein Tag

**1 Schauen Sie die Fotos an. Wo ist Lara auf Foto 1 und 8? Was macht sie? Kreuzen Sie an.**

a ☒ Sie ist im Kurs. (1)
☒ Sie ist daheim. (2)

b ○ Sie ist die Lehrerin.
☒ Sie macht eine Präsentation. (1)

2 1-8 **2 Schauen Sie die Fotos an und hören Sie. Was macht Lara?**

Schreiben Sie die Wörter auf Zettel. Was passt? Legen Sie die Zettel zu den Fotos.

aufräumen

frühstücken 3 | einkaufen 5 | Musik hören 7

kochen 6 | spazieren gehen 5 | eine Präsentation machen 1

aufstehen 2 | Deutschkurs haben 4

2

3

4

7

8

2 🔊 1-8 **3 Wer macht das? Hören Sie noch einmal und verbinden Sie.**

1 Lara
2 Sofia
3 Lara, Sofia und Lili

- steht um Viertel nach sieben auf. (1)
- frühstücken zusammen. (3)
- räumt die Küche auf. (1)
- geht in den Deutschkurs. (1)
- geht am Nachmittag spazieren oder kauft ein. (1)
- kocht das Abendessen. (1)
- arbeitet sehr viel und ist am Abend müde. (2)
- essen zusammen. (3)
- ruft ihre Familie an. (1)

**4 Was machen Sie auch jeden Tag? Nehmen Sie die passenden Zettel aus 2 und vergleichen Sie mit Ihrer Partnerin / Ihrem Partner.**

# A Ich **stehe** früh **auf.**

## 2 🔊 9 A1 Was macht Lara? Hören Sie und ordnen Sie.

(5)  Sie kocht das Abendessen.

(4)  Sie ruft ihre Familie an.

(1)  Lara steht früh auf.

(2)  Sie räumt die Küche auf.

(3)  Sie kauft im Supermarkt ein.

(6)  Sie schaut fern.

auf|stehen
Lara steht früh auf.

ein|kaufen
Lara kauft im Supermarkt ein.

| | |
|---|---|
| ich | schaue/sehe fern |
| du | schaust/siehst fern |
| er/sie | schaut/sieht fern |

## A2 Sofias Tag: Schreiben Sie und vergleichen Sie mit Ihrer Partnerin / Ihrem Partner.

*Sofia steht früh auf.*
*Sie frühstückt …*

früh aufstehen | mit Lara und Lili frühstücken | in die Arbeit gehen | lang arbeiten | mit Lili spielen | im Supermarkt einkaufen | mit Lara und Lili essen | die Wohnung aufräumen | ein bisschen fernsehen | ins Bett gehen

## A3 Partnerinterview

**a** Schreiben Sie sechs Beispiele:
Was machen Sie gern?
Was machen Sie nicht gern?

☹ *einkaufen*
☺ *arbeiten*
…

| | |
|---|---|
| ich | esse |
| du | isst |
| er/sie | isst |

| | |
|---|---|
| ich | arbeite |
| du | arbeitest |
| er/sie | arbeitet |

**b** Tauschen Sie die Zettel. Fragen Sie Ihre Partnerin / Ihren Partner und antworten Sie.

- ◆ Kaufst du gern ein?
- ○ Nein. Ich kaufe nicht gern ein. Und du?

- ◆ Ich kaufe gern ein. Kaufst du gern ein?
- ○ Ja, ich kaufe gern ein.

Kaufst du gern ein?

## A4 Ihre Kursleiterin / Ihr Kursleiter fragt: Machen Sie das gern? Dann stehen Sie auf.

## A5 Mein Tag

Machen Sie Fotos von Ihrem Tag und zeigen Sie die Fotos im Kurs. Sprechen Sie.

# B Wie spät ist es jetzt?

study Homework

## 2 🔊 10 B1 Hören Sie und variieren Sie.

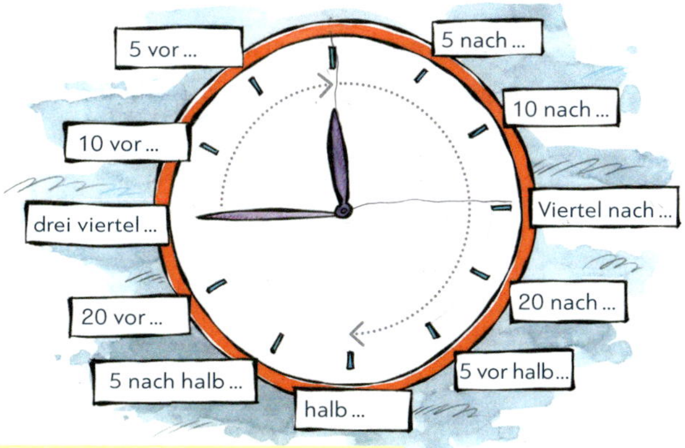


- ◆ Wie spät ist es jetzt? Ist es schon zwölf ?
- ○ Nein. Es ist erst drei viertel zwölf .

Varianten:

| Man schreibt: | Man sagt: |
|---|---|
| 01.00 Uhr/13.00 Uhr | ein Uhr/eins |
| 01.15 Uhr/13.15 Uhr | Viertel nach eins \| auch: Viertel zwei/Viertel über eins |
| 01.30 Uhr/13.30 Uhr | halb zwei |
| 01.45 Uhr/13.45 Uhr | drei viertel zwei/Viertel vor zwei |

## 2 🔊 11-14 B2 Uhrzeiten

a Hören Sie und ordnen Sie zu.

| Gespräch | 1 | 2 | 3 | 4 |
|---|---|---|---|---|
| Bild | B | | | |

A

B

C

D

b Hören Sie noch einmal. Zeichnen Sie und schreiben Sie die Uhrzeit.

drei viertel drei ............ ............ ............

## B3 Wie spät ist es? Ergänzen Sie.

a 06:58 kurz vor sieben/gleich ...

b 09:57 Kurz vor zhen/ gleich zhen

c 10:02 Kurz nach zhen/gleich thien

d 11:59 Kurz vor zwölf or Gleich zwölf

e 12:04 Kurz nach zwölf or Gleich zwölf

| | |
|---|---|
| 11.58 Uhr | (Es ist) Kurz vor zwölf. / Gleich zwölf. |
| 12.03 Uhr | (Es ist) Kurz nach zwölf. |

## B4 Zeichnen Sie vier Uhrzeiten.

Fragen Sie Ihre Partnerin / Ihren Partner: Wie spät ist es?

# C Wann fängt der Deutschkurs an?

## 2 🔊 15 C1 Welchen Deutschkurs besucht Lara?

a Hören Sie und markieren Sie im Kursprogramm.

**DEUTSCH-INTENSIV- UND ABENDKURSE**

Montag bis Freitag 08.30 – 12.15 Uhr (25 Unterrichtsstunden)
Montag bis Freitag 08.30 – 12.00 Uhr und 12.30 – 15.00 Uhr (40 Unterrichtsstunden)

Montag bis Donnerstag 18.15 – 20.30 Uhr (12 Unterrichtsstunden)
Montag/Mittwoch oder Dienstag/Donnerstag 18.15 – 20.30 Uhr (6 Unterrichtsstunden)

| | |
|---|---|
| ich | fange an |
| du | fängst an |
| er/sie | fängt an |

b Lesen Sie und hören Sie noch einmal. Ergänzen Sie.

1 Wann fängt der Deutschkurs an? Um halb neun.
2 Wann endet der Kurs? Um fünfzig Uhr.
3 Wann ist der Kurs? Von Montag bis Freitag von halb neun bis fünfzig Uhr.

Wann?
Am Montag.
Um zehn Uhr.
Von neun bis fünf (Uhr).
Von Montag bis Freitag.

## 2 🔊 16 C2 Hören Sie und variieren Sie.

◆ Ich mache am Freitag eine Party. Hast du Zeit?
○ Am Freitag? Ich spiele von fünf bis sechs Fußball. Da habe ich keine Zeit. Wann fängt denn die Party an?
◆ Um sieben Uhr.
○ Passt. Ich komme gern.

am Samstag + am Sonntag = am Wochenende

Varianten:

Samstag 4–5 6 Sonntag 7–8 9

| | |
|---|---|
| ich | schlafe |
| du | schläfst |
| er/sie | schläft |

## C3 Tims Woche: Sprechen Sie mit Ihrer Partnerin / Ihrem Partner.

| Montag | Dienstag | Mittwoch | Donnerstag | Freitag | Samstag | Sonntag |
|---|---|---|---|---|---|---|
| 8.30-15.00 Uhr Deutschkurs | 8.30-15.00 Uhr Deutschkurs | 8.30-15.00 Uhr Deutschkurs | 8.30-15.00 Uhr Deutschkurs | 8.30-15.00 Uhr Deutschkurs | 11.00-12.00 Uhr Zimmer aufräumen | lang schlafen! ☺ |
| 12.00 Uhr mit Lara spazieren gehen | 17.00 Uhr Fußball spielen | 16.00 Uhr Hausübung machen | 18.00 Uhr Mama und Papa anrufen | 19.00 Uhr einkaufen | 18.30 Uhr mit Lara kochen | 20.15 Uhr fernsehen |

◆ Wann spielt Tim Fußball?
○ Am Dienstag um fünf Uhr.

○ Um wie viel Uhr geht er …?
◆ Um … Uhr.

## C4 Partnerinterview

Schreiben Sie sechs Fragen. Stellen Sie Ihrer Partnerin / Ihrem Partner die Fragen und notieren Sie.

1. Wann stehst du am Wochenende auf?
2. Um wie viel Uhr gehst du ins Bett?

Natalja
1. Um halb sieben.

**SCHON FERTIG?** Schreiben Sie Ihren Terminkalender für nächste Woche auf Deutsch.

# D Tageszeiten

## D1 Ordnen Sie zu.

~~zu Mittag~~ | in der Früh | am Abend | am Nachmittag

am Abend ...... am Vormittag ...... zu Mittag ...... am Nachmittag ...... in der Früh ...... in der Nacht

## D2 Roberts Samstag

2 🔊 17 **a** Was sagt Robert? Hören Sie das Gespräch und verbinden Sie.

Wann? | In der Früh. Am Vormittag. Zu Mittag. In der Nacht.

1 In der Früh
2 Am Vormittag
3 Zu Mittag
4 Am Nachmittag
5 Am Abend
6 In der Nacht

geht er ins Kino.
geht er spazieren.
frühstückt Robert.
isst er mit Nina.
räumt er auf, kauft ein und kocht.
macht er Sport.

Robert macht *am Nachmittag* Sport.
*Am Nachmittag* macht Robert Sport.

**b** Was macht Robert wirklich? Schreiben Sie.

A In der Früh hört Robert Musik.
B Am Vormittag ...
C Zu Mittag ...
D Am Nachmittag ...
E Am Abend ...
F In der Nacht ...

A
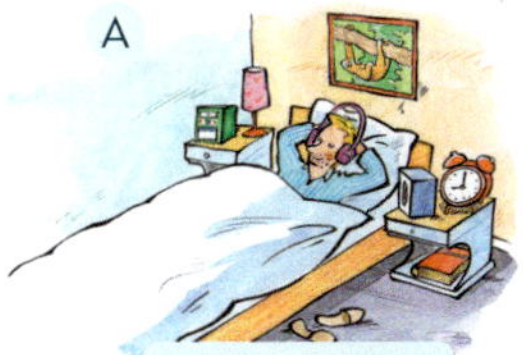
Musik hören

B

Kaffee trinken

C

Pizza essen

D

Computerspiele spielen

E

fernsehen

F

chatten

## D3 Spiel: *Ihr Tag*. Schreiben Sie vier Informationen über sich.

Eine Information ist falsch. Lesen Sie Ihre Informationen vor. Die anderen raten: Was ist falsch?

- ◆ Ich glaube, du stehst nicht um sechs auf.
- ○ Doch. Ich stehe um sechs auf. Auch am Wochenende.
- ▲ Aber du räumst nicht am Nachmittag auf.
- ○ Stimmt. Ich räume erst am Abend auf.

Ich stehe um sechs Uhr auf.
Am Vormittag lerne ich Deutsch.
Am Nachmittag räume ich auf.
Ich gehe um elf Uhr ins Bett.

# E Familienalltag

2 🔊 18-21 **E1 Öffnungszeiten**

**a** Hören Sie und ordnen Sie zu.

A

Dr. Claudia Kreuzhuber
Kinder- und Jugendärztin

Ordinationszeiten:
Mo – Do 8.30 – 12.00 Uhr
14.00 – 16.30 Uhr
Fr 8.30 – 12.00 Uhr
Terminvereinbarung
unter 0 82 13 / 92 75

B

**KINDERGARTEN ST. RAPHAEL**

Roseggerstraße 12
4910 Ried im Innkreis
www.kiga-raphael.com
Tel. 0 77 52/32 116

Öffnungszeiten:
Montag bis Freitag
7.30 – 17.00 Uhr

C

**Elektro Aigner**
– Ihr Elektrogeschäft mit Herz

Geschäftszeiten:
Mo. Di. Do. Fr
8.00 – 12.00 und 14.00 – 18.30
Mi 8.00 – 12.00 | Sa 8.30 – 13.00

D

**Kinder- und Jugendbibliothek Wien**

Mo – Fr 11.00 – 19.00 Uhr
Sa 10.00 – 17.00 Uhr
An Sonn- und Feiertagen geschlossen.

| Ansage | 1 | 2 | 3 | 4 |
|---|---|---|---|---|
| Schild | B | D | C | A |

**b** Wie sagen die Personen die Uhrzeit?
Hören Sie noch einmal und kreuzen Sie an.

1 Der Kindergarten hat bis ☒ 17 Uhr ○ fünf Uhr offen.
2 Die Bibliothek öffnet von Montag bis Freitag um ○ elf. ☒ 11 Uhr.
3 Am Samstag hat das Geschäft von ☒ acht Uhr 30 bis 13 Uhr ○ halb neun bis eins offen.
4 Von Montag bis Donnerstag schließt die Praxis um ○ halb fünf. ☒ 16 Uhr 30.

| | offiziell (Radio, Fernsehen, Ansagen ...) | privat (Familie, Freunde ...) |
|---|---|---|
| 08.30 | acht Uhr dreißig | halb neun |
| 19.00 | neunzehn Uhr | sieben Uhr |

**E2 Veras Tag**

**a** Was ist richtig? Lesen Sie den Text auf Seite 65 und kreuzen Sie an.

1 ☒ Vera ist nicht verheiratet.
2 ○ Vera und die Kinder leben in der Schweiz. F
3 ○ Veras Exmann wohnt in Polen. F
4 ☒ Vera ist am Abend müde. Tired in the evening
5 ☒ Sie geht jeden Abend ins Kino. F

| Montag bis Sonntag = *auch so:* | jeden Tag<br>jeden Morgen<br>jeden Abend<br>jedes Wochenende<br>jede Nacht |
|---|---|

**b** Schauen Sie die Fotos an und schreiben Sie sechs Sätze über Vera. Zwei Sätze sind falsch.
Ihre Partnerin / Ihr Partner korrigiert.

18.30
Um ~~18.00~~ spielt Vera mit Jonas und Tobi.

# Wann hast du denn einmal Zeit, Vera?

1
*6.00 aufstehen*

2
*7.15 die Kinder in den Kindergarten bringen*

3
*7.45 – 16.00 arbeiten*

4
*17.00 die Kinder vom Kindergarten abholen*

5
*17.30 kochen*

6
*18.00 essen*

7
*18.30 mit Jonas und Tobi spielen*

8
*19.30 die Kinder ins Bett bringen*

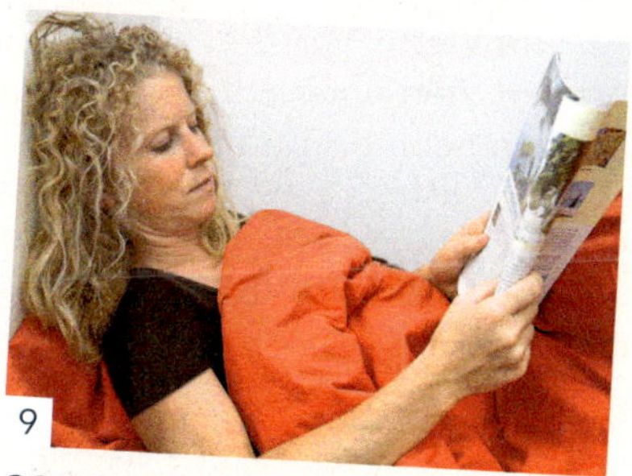
9
*22.00 ins Bett gehen*

Hallo. Ich heiße Vera Szipanski und bin 33 Jahre alt. Ich bin geschieden und habe zwei Söhne. Jonas ist vier und Tobi zwei. Jonas und Tobi gehen in den Kindergarten. Wir wohnen in Gloggnitz. Mein Exmann lebt jetzt in der Schweiz. Meine Eltern wohnen in Polen. Ich habe die Kinder also jeden Morgen, jeden Abend und am Wochenende natürlich den ganzen Tag.

Ich hätte gern mehr Zeit für mich. Zum Beispiel möchte ich wieder einmal ins Kino gehen. Aber am Abend bin ich müde. Meine Freundinnen fragen: „Wann hast du denn einmal Zeit, Vera?“ Und ich antworte: „Heute nicht. Tut mir leid, ich bin total fertig. Heute möchte ich nur noch ins Bett.“

Ich bin total fertig
completely exhausted

# Grammatik und Kommunikation

## Grammatik

### 1 Trennbare Verben ÜG 5.02

| | | |
|---|---|---|
| auf\|stehen | → | Lara steht auf. |
| ein\|kaufen | → | Lara kauft ein. |
| auf\|räumen | → | Ich räume auf. |

auch so: *anrufen, fernsehen, anfangen, abholen*

Was passt zusammen?

| | | |
|---|---|---|
| ein | | sehen |
| fern | | kaufen |
| auf | | rufen |
| an | | stehen |
| an | | fangen |
| auf | — | räumen |

### 2 Trennbare Verben im Satz ÜG 10.02

| | Position 2 | | Ende |
|---|---|---|---|
| Ich | räume | mein Zimmer | auf. |
| Lara | steht | früh | auf. |
| Lara | kauft | im Supermarkt | ein. |
| Stehst | du | gern früh | auf? |

### 3 Temporale Präpositionen ÜG 6.01

| Wann gehen Sie in den Deutschkurs? | | |
|---|---|---|
| am Vormittag<br>*aber:* zu Mittag/in der Früh/in der Nacht | → | Tageszeit |
| am Montag<br>von Montag bis Freitag | → | Tag |
| um zehn Uhr<br>um Viertel vor/drei viertel acht<br>um Viertel nach/Viertel über acht (oder viertel neun)<br>von neun bis fünf (Uhr) | → | Uhrzeit |

Was machen Sie wann?
Schreiben Sie.
Wann stehen Sie auf?
Wann gehen Sie in den Deutschkurs?
Wann arbeiten/lernen Sie?
Wann gehen Sie ins Bett?

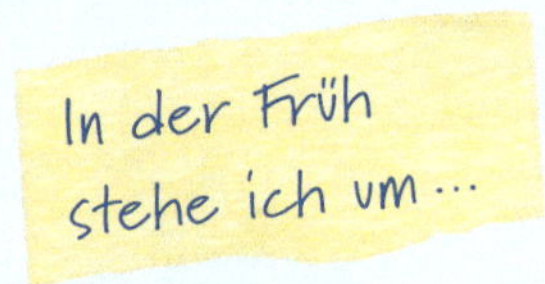


### 4 Verb: Konjugation ÜG 5.01, 5.02

| | anfangen | arbeiten | essen | fernsehen | schlafen |
|---|---|---|---|---|---|
| ich | fange an | arbeite | esse | sehe fern | schlafe |
| du | fängst an | arbeitest | isst | siehst fern | schläfst |
| er/es/sie | fängt an | arbeitet | isst | sieht fern | schläft |
| wir | fangen an | arbeiten | essen | sehen fern | schlafen |
| ihr | fangt an | arbeitet | esst | seht fern | schlaft |
| sie/Sie | fangen an | arbeiten | essen | sehen fern | schlafen |

arbeiten – er/sie arbeit e t

finden – er/sie find e t

kosten – das kost e t

### 5 Verb: Position im Hauptsatz ÜG 10.01

| | Position 2 | |
|---|---|---|
| Robert | macht | *am Nachmittag* Sport. |
| *Am Nachmittag* | macht | Robert Sport. |

## Kommunikation

**UHRZEIT:** Wie spät ist es?

| | |
|---|---|
| *Wie spät ist es (jetzt)?* | *(Es ist) Sieben/Neunzehn Uhr.* |
| | *(Es ist) Acht Uhr dreißig./ (Es ist) Halb neun.* |
| *Ist es schon zwölf?* | *Nein. Es ist erst Viertel vor zwölf.* |
| | *Es ist kurz vor zwölf./gleich zwölf.* |
| | *Es ist kurz nach zwölf.* |
| *Um wie viel Uhr gehst du ins Bett?* | *Um elf Uhr./Um halb elf.* |

**ÖFFNUNGSZEITEN:** (Von wann bis) Wann hat ... offen?

| | |
|---|---|
| *Wann hat der Kindergarten offen?* | *(Von Montag bis Freitag) Von 7 Uhr 30 bis 17 Uhr.* |

**VERABREDUNG:** Hast du Zeit?

| | |
|---|---|
| *Ich mache am Freitag eine Party. Hast du Zeit?* | *Wann fängt denn die Party an?* |
| *Um sieben Uhr.* | *Passt. Ich komme gern.* |
| | *Da habe ich keine Zeit.* |

**VORLIEBEN:** Was machst du (nicht) gern?

*Kaufst du gern ein?* | *Ich kaufe nicht gern ein.*

*Ich arbeite gern.*

**STRATEGIEN:** Ich glaube, ...

*Stimmt.* | *Ich glaube, ...*

Wann hat ... offen? Schreiben Sie.

SUPERMARKT
Mo – Sa
7.30 – 18.00 Uhr

Kindergarten
Mo – Fr
8.00 – 18.00 Uhr

Ordination
Mo – Do 8 – 18,
Fr 7.30 – 12.00 Uhr

Die Ordination ............................................ .
Der Kindergarten ............................................ .
Der Supermarkt ............................................ .

Schauen Sie in Ihren Kalender und notieren Sie Ihre Antwort.

Hast du am Samstag um acht Zeit? Ich gehe ins Kino.

............................................
............................................

## Lernziele

Ich kann jetzt ...

A ... sagen: Das mache ich:
*Ich räume die Küche auf.* ............ ☺ 😐 ☹

B ... nach der Uhrzeit fragen und die Uhrzeit sagen:
*Wie spät ist es jetzt? – Es ist kurz vor zwölf.* ............ ☺ 😐 ☹

C ... sagen: Wann mache ich was?
*Ich spiele von fünf bis sechs Fußball.* ............ ☺ 😐 ☹

D ... Informationen zur Tageszeit verstehen und geben:
*am Vormittag, zu Mittag, ...* ............ ☺ 😐 ☹
... über meinen Tag sprechen:
*Am Vormittag lerne ich Deutsch.* ............ ☺ 😐 ☹

E ... Öffnungszeiten auf Schildern und in Telefonansagen verstehen ............ ☺ 😐 ☹
... einen Lesetext verstehen ............ ☺ 😐 ☹

Ich kenne jetzt ...

**... 5 Aktivitäten:**

spazieren gehen, ...

............................................

**... die Wochentage:**

Montag, ...

............................................

**COMIC**

## Der kleine Mann: Die Traumfrau

Ordnen Sie zu.

- 3 Von 8.30 Uhr bis 17 Uhr arbeitet der kleine Mann.
- ◯ Um 7.00 Uhr steht er auf und frühstückt.
- ◯ Von 18 bis 19 Uhr geht er spazieren.
- ◯ Von 20 bis 23 Uhr schaut er fern. Dann geht er ins Bett.
- ◯ Von 23.30 Uhr bis 7.00 Uhr schläft er.
- ◯ Um 7.45 Uhr fährt der kleine Mann in die Arbeit.

**LESEN**

Lesen Sie den Text und notieren Sie Informationen wie im Beispiel.

Franziska:
23 Jahre, aus …
lebt in …

Wohnung: …
Arbeit: …
Freund: …
Hobbys: …

### Hallo! Ich bin Franziska.

Ich bin Franziska. Ich bin 23 Jahre alt und in Grödig geboren. Der Ort ist nicht so groß, er hat etwa 7000 Einwohner.

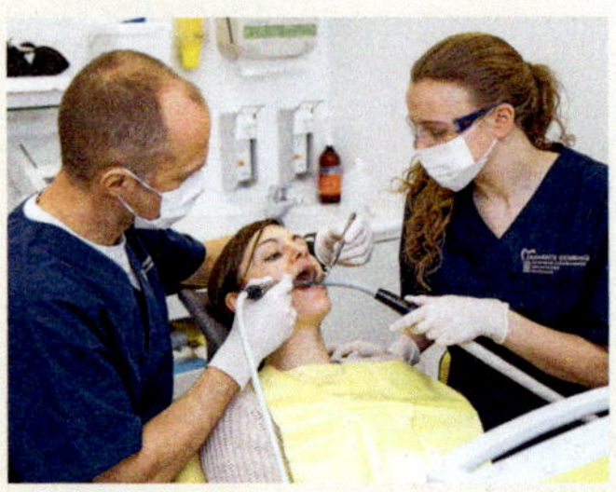

Nach der Schule habe ich dort meinen Beruf gelernt. Ich bin Zahnarztassistentin und mag meinen Beruf.

Heute lebe und arbeite ich in Salzburg. Salzburg hat mehr als 140.000 Einwohner. Meine Wohnung hat ein Zimmer, eine Küche und ein Bad. Sie ist nicht teuer und gefällt mir sehr gut.
Mein Hobby ist Klettern. Mein Freund Klaus ist 24 und studiert in Wien Medizin. Von Salzburg nach Wien sind es 300 Kilometer. Ich sehe Klaus also nicht so oft. Leider!

ÖSTERREICH-SPEZIAL

# So ist es bei uns

Wie sagt man in Ihrem Kursort? Ergänzen Sie.

am Morgen / in der Früh | Polstersessel / Fauteuils | drei viertel / ~~Viertel~~ vor | zu Hause / daheim | fernsehen / fernschauen | zusammen / miteinander | aufräumen / zusammenräumen | Viertel nach acht / Viertel über acht / viertel neun | früh / bald

a Am Abend fangen viele Filme im Fernsehen um ............ an.

b Seid ihr am Abend ............?

c Am Morgen trinke ich immer einen Kaffee. 

d Gehen wir am Freitag Zusammen ins Kino?

e Ich spiele gern Computer und ............ gern ............ .

f Kurt steht nicht gern ............ auf. Er schläft bis 10 Uhr.

g Wie gefallen dir denn die ............?

h Wir ............ jeden Tag das Kinderzimmer ............ .

i Es ist schon viertel vor sieben! 

HÖREN

# Meine Woche

2 🔊 22

Franz Kaindls Woche. Was ist richtig? Hören Sie und markieren Sie.

Franz Kaindl:
76 Jahre alt | arbeitet nicht mehr | lebt allein

In der Früh:
Frühstück | geht zum Friedhof

Am Vormittag:
Tochter Anna kommt am Montag und Donnerstag

Zu Mittag:
kocht Montag, Mittwoch und Samstag | isst am Sonntag bei seiner Tochter Anna | Mittagsschlaf von 14 bis 15 Uhr

Am Nachmittag:
geht spazieren | trinkt Tee | spielt Karten/Schach

Am Abend:
Abendessen | lesen | geht ins Bett

# Freizeit

## Folge 6: Der Käsemann

**1 Schauen Sie die Fotos an.**

**a** Wer macht was? Zeigen Sie und sprechen Sie.

einen Ausflug machen | Auto fahren | wandern | Nachrichten schreiben | ein Picknick machen | Gitarre und Mundharmonika spielen | telefonieren

*Lara, Lili, Sofia und Walter machen einen Ausflug.*

*Da, Foto 6: Tim telefoniert.*

**b** Wie ist das Wetter? Kreuzen Sie an.

- ☒ Die Sonne scheint.  The sun is shinning
- ○ Es regnet.  It's raining
- ○ Es gibt viele Wolken.  there are many clouds

2 ◀)) 23-30 **2 Schauen Sie die Fotos an und hören Sie. Was ist in der Jausenbox?** 

Käse

2 🔊 23-30

## 3 Was ist richtig? Hören Sie noch einmal und kreuzen Sie an.

a Das Wetter ist ○ sehr schön. ☒ nicht so gut.
b Familie Baumann und Lara machen einen Ausflug.
Sie gehen los, aber Sofia vergisst die ○ Gitarre. ☒ Jausenbox.
c Lili hat ○ Durst. ☒ Hunger.
d Lili möchte ☒ keine Würstel ○ keinen Käse essen.
e Lara ○ schreibt eine Nachricht an Tim. ☒ ruft Tim an.
Tim bringt die ○ Mundharmonika. ☒ Jausenbox.
f Alle finden: Es ist so ☒ schön ○ interessant da.

## 4 Wandern Sie gern? Machen Sie gern Picknick? Machen Sie gern Musik? Erzählen Sie.

*Ich wandere sehr gern.*

*Wandern finde ich …*

# A Das **Wetter** ist nicht so schön.

## A1 Ordnen Sie zu.

- ◯ Es regnet.
- ◯ Es hat 25 Grad. Es ist warm.
- ◯ Die Sonne scheint.
- ◯ Es ist windig.
- ◯ Es hat nur 7 Grad. Es ist kalt.
- Ⓐ Es schneit.
- ◯ Es ist bewölkt.

A

B

C

D

E

F

G

## A2 Wetterberichte

**a** Wie ist das Wetter heute? Lesen Sie die Wetterberichte und ordnen Sie zu.

A ② 

B ◯ 

C ◯  

1

www.europawetter-heute.at

heute | Mi | Do | Fr | Sa | So | Mo

**Österreich:** Im Norden und Osten Österreichs scheint schon heute überall die Sonne. Die Temperaturen steigen auf bis zu 25 Grad, im Donauraum und östlichen Flachland bis zu 27 Grad. Im Westen und Süden windig und nicht ganz so warm. Maximal 22 Grad. Morgen überall Temperaturen um die 25 Grad.
**Ungarn:** Überall sonniges Wetter, nur im Osten leicht bewölkt. Temperaturen bis ...

2

3

**Wetter** | Deutschland | Österreich | Schweiz

Frühling im Winter
Im Norden und Westen viele Wolken. Es regnet bei milden Temperaturen um 10 Grad. Von Innsbruck bis Salzburg bis 12 Grad. Im Süden und Osten scheint die Sonne. Die Temperaturen steigen auf 16 Grad! Kein Schnee und Eis in den Alpen. Auch morgen bleibt es warm.

| | |
|---|---|
| +8° C | (plus) acht Grad |
| -3° C | minus drei Grad / drei Grad unter Null |

im Norden

im Westen  im Osten

im Süden

**b** Was ist richtig? Lesen Sie noch einmal und kreuzen Sie an.

1 ○ Im Süden regnet es heute.
○ Morgen ist es in ganz Österreich warm.

2 ○ Heute hat es maximal sieben Grad.
○ Am Freitag schneit es.

3 ○ Im Süden regnet es nicht.
○ Morgen ist es kalt und es schneit.

2 🔊 31-33 **c** Welches Radio-Wetter passt zu den Texten in a? Hören Sie und ordnen Sie zu.

| Wetterbericht | | | |
|---|---|---|---|
| Internet | 1 | 2 | 3 |
| Radio | | | |

## A3 Wie ist das Wetter in Ihrem Land? Sprechen Sie und machen Sie ein Plakat.

*Wie ist das Wetter?* | ☺ *Gut./Schön.* ☹ *Schlecht./Nicht so gut./schön.*

*Wie ist das Wetter in Bulgarien?*

*Im Sommer ist das Wetter sehr gut. Es ist heiß und es hat circa 30 Grad. Im Winter ist es kalt. Dann hat es 0 bis 5 Grad.*

| | Bulgarien | Nordspanien | Vietnam |
|---|---|---|---|
| im Frühling | 12–15 °C | ca. 14 °C | ca. 25 °C |
| im Sommer | ca. 30 °C | ca. 26 °C | ca. 35 °C |
| im Herbst | 12–15 °C | ca. 17 °C | ca. 25 °C |
| im Winter | 0–5 °C | ca. 10 °C | 15–20 °C |

im Frühling

## A4 Was ist Ihr Lieblingswetter? Was machen Sie dann? Erzählen Sie.

*Ich finde Sonne/Regen/Wind/Schnee / warme Tage / kalte Tage gut.*
*Sonne/Regen/Wind/Schnee ist schön./angenehm./super./...*
*Ich mag Sonne/Regen/Wind/Schnee nicht so gern./gern.*
*Wind/Regen/... mag ich gar nicht.*

*Ich mag Wind. Dann gehe ich spazieren. Das ist schön.*

**SCHON FERTIG?** Wie wird das Wetter morgen in Ihrem Kursort? Informieren Sie sich.

# B Hast du **den** Käse?

2 34 **B1 Hören Sie und ordnen Sie zu.**

~~den~~ den der

- ◆ Sag einmal, Sofia: Hast du _den_ Käse?
- ○ Moment einmal, wo ist denn _den_ Käse? ... Da, Papa. Ich habe _den_ Käse, siehst du?

2 35 **B2 Hören Sie und variieren Sie.**

- ◆ Wo ist der Saft ? Hast du den Saft ?
- ○ Oh, tut mir leid, den Saft habe ich nicht.

Varianten:

- • das Fleisch • der Kaffee
- • die Würstel
- • der Käse • der Kuchen

| | | |
|---|---|---|
| Wo | ist | • der Käse? |
| | | • das Fleisch? |
| | | • die Milch? |
| | sind | • die Würstel? |

| | |
|---|---|
| Hast du | • den Käse? |
| | • das Fleisch? |
| | • die Milch? |
| | • die Würstel? |

**B3 Schauen Sie die Speisekarte an. Was hätten Sie gern?**
Sprechen Sie mit Ihrer Partnerin / Ihrem Partner.

- ◆ Also, ich mag jetzt einen Leberkäse und ein Mineralwasser. Du auch?
- ○ Ich weiß nicht. ... Nein, ich mag keinen Leberkäse. Ich glaube, ich trinke nur einen Almdudler.

| | | |
|---|---|---|
| Ich mag/ trinke | • einen/keinen | Almdudler. |
| | • ein/kein | Mineralwasser. |
| | • eine/keine | Käsekrainer. |
| | • –/keine | Pommes frites. |

**B4 Planen Sie ein Picknick.**

Würstel → Jonas
Orangensaft → Carmen

*Wer kauft die Würstel und den Orangensaft?*

*Ich kaufe die Würstel.*

*Ich kaufe den Orangensaft.*

| „mag" |
|---|
| ich mag |
| du magst |
| er/sie mag |

# C Hast du **keinen** Hunger mehr? – **Doch**.

## 2 🔊 36 C1 Hören Sie und ordnen Sie zu.

~~Doch~~ Ja Nein Doch Ja Doch

1
- ◆ Hast du den Käse?
- ○ Den Käse? Moment einmal, wo ist denn der Käse? Ach ...
- ◆ Was? Haben wir den Käse nicht mit?
- ○ Doch ! Da, Papa! Ich habe den Käse. Da ist er, siehst du?
- ◆ Ja !

2
- ○ Magst du ein Würstel?
- ▲ Ja , gern. Danke, Sofia. ... Lili? Magst du auch ein Würstel?
- □ Nein , danke.
- ◆ Was? Hast du keinen Hunger mehr?
- □ Doch . Aber ich mag lieber Käse. Haben wir keinen Käse?
- ○ Doch .

| | | |
|---|---|---|
| Magst du ein Würstel? | Ja. | Nein. |
| Haben wir den Käse nicht dabei? | Doch. | Nein. |
| Hast du keinen Hunger mehr? | Doch. | Nein. |

## 2 🔊 37-38 C2 Wer mag was?

Hören Sie die Gespräche und variieren Sie.

1
- ◆ Wer mag eine Käsekrainer ?
- ○ Ich! Ich mag eine Käsekrainer .
- ◆ He, Lukas! Nimmst du kein Würstel ?
- ▲ Nein. Ich habe keinen Hunger.

Varianten:

- die Semmel
- das Eis
- der Salat
- ...

| | |
|---|---|
| ich | nehme |
| du | nimmst |
| er/sie | nimmt |

2
- ◆ Magst du Fußball spielen ?
- ○ Nein. Jetzt nicht.
- ◆ Warum nicht? Spielst du nicht gern Fußball ?
- ○ Doch. Aber ich habe keine Zeit.

Varianten:

ins Kino gehen | Musik machen | Eis essen | ...

## C3 Spiel: *Wie bitte?* Schreiben Sie vier Fragen und fragen Sie Ihre Partnerin / Ihren Partner.

Spielst du gern Fußball?
Hast du einen Hund?
Sprichst du Englisch?
Magst du einen Kaffee?

- ◆ Spielst du gern Fußball?
- ○ Ja, ich spiele sehr gern Fußball.
- ◆ Wie bitte? Du spielst nicht gern Fußball?
- ○ Doch!

- ▲ Hast du einen Hund?
- □ Nein.
- ▲ Wie bitte? Du hast keinen Hund?
- □ Nein.

# D Freizeit und Hobbys

## D1 Ordnen Sie zu.

A

B

C

D

E

F

G

H

- (A) tanzen
- C ◯ wandern
- G ◯ schwimmen
- B ◯ Gitarre spielen
- H ◯ Freunde treffen
- E ◯ Rad fahren
- D ◯ stricken
- F ◯ grillen

## D2 Was machen Sie gern in der Freizeit? Sprechen Sie mit Ihrer Partnerin / Ihrem Partner.

◆ Ich spiele gern Fußball und ich schwimme viel.
Ich mache gern Sport. Was sind deine Hobbys?

○ Meine Hobbys sind Kochen und Lesen. Ich finde Krimis gut.
Und ich treffe in meiner Freizeit gern meine Freunde. Freetime
Liest du auch gern?

| | | | |
|---|---|---|---|
| ich | treffe | lese | fahre |
| du | triffst | liest | fährst |
| er/sie | trifft | liest | fährt |

*Was sind deine/Ihre Hobbys?*
*Was machst du / machen Sie gern in der Freizeit?*

*Meine Hobbys sind ...*
*Ich ... gern ... Das macht Spaß.*
*Ich finde ... gut./super./interessant.*

## D3 Lesen Sie das Profil von Dragan. Was passt auch für Sie? Markieren Sie.

**Dragan Milović – Mein Profil**

**Wohnort:** Traun, Österreich | **Alter:** 30

**Familienstand:** verheiratet, eine Tochter

**Freizeit:** schwimmen, lesen, Gitarre spielen, im Internet surfen, Computerspiele spielen, mit Basti spazieren gehen, grillen

**Lieblingsfilm:** James Bond | **Lieblingsmusik:** Rock, Hardrock

**Lieblingsbuch:** Die Säulen der Erde (Ken Follett)

**Das ist wichtig:** meine Familie, mein Hund Basti und gute Käsekrainer

Vollständiges Profil anzeigen

## D4 Schreiben Sie Ihr Profil wie in D3 und sprechen Sie im Kurs.

*Mein Lieblingsfilm ist ...*

**SCHON FERTIG?** Pläne: Was machen Sie nächstes Wochenende? Schreiben Sie oder sprechen Sie mit Ihrer Partnerin / Ihrem Partner.

# E Besondere Hobbys

**E1 Lesen Sie die Interviews und markieren Sie: Alter, Beruf, Hobby.**

## Alma sammelt Wolkenfotos

**Grüß dich, wie heißt du und wie alt bist du?**
Ich heiße Alma und bin 34 Jahre alt.
**Was ist dein Beruf?**
Ich bin medizinisch-technische Assistentin.
**Und in der Freizeit, Alma? Hast du ein Hobby?**
Ja, ich habe ein Hobby. Ich mache gern Wolkenfotos.
**Wolkenfotos? Warum denn?**
Warum nicht? Gefallen dir Wolken nicht?
**Doch, natürlich.**
Ich finde Wolken schön und ich fotografiere gern. Das macht Spaß und kostet nicht viel. Ich brauche nur mein Smartphone.
**Ich verstehe. Und das hast du ja immer dabei.**
Genau.
**Hast du schon viele Wolkenfotos?**
Schon sehr viele. Schau mal! Das da ist mein Lieblingsfoto.
**Hey, das ist total schön! Das Foto gefällt mir sehr.**
Oh, danke!
**Machst du heute auch noch ein Wolkenfoto?**
Hm, ich glaube nicht. Das Wetter ist ja nicht so super.
**Was? Es ist doch schön warm und die Sonne scheint.**
Das stimmt schon, aber siehst du eine Wolke?
**Oh, wie blöd! Eh klar, es ist nicht bewölkt.**
**Also: kein Wolkenfoto.**
Kein Problem. Die nächste Wolke kommt ganz sicher.

## Karim spielt Backgammon

**Servus! Wie heißt du und wie alt bist du?**
Mein Name ist Karim und ich bin 28.
**Woher kommst du?**
Ich komme aus dem Libanon.
**Was ist dein Beruf?**
Ich arbeite als Programmierer in einer IT-Firma.
**Und in der Freizeit?**
Ich spiele Fußball und Backgammon.
**Backgammon? Du meinst das Brettspiel?**
Ja, genau. Backgammon ist schon seit zwanzig Jahren mein Lieblingsspiel.

**Aha! Spielst du oft?**
Ja, jeden Tag.
**Heute auch?**
Hm, ich möchte schon. Aber da gibt es leider ein Problem.
**Hast du kein Backgammon-Spiel?**
Doch. Das habe ich immer mit dabei. Da: Schau mal!
**Oh, das ist aber sehr klein!**
Ja stimmt, aber es geht schon.
**Na gut, wo ist jetzt das Problem? Hast du keinen Mitspieler?**
Nein. Oder vielleicht doch? Spielst du Backgammon?
**Ich!? Nein, leider nicht.**
Ach, das ist ganz einfach. Das lernst du schnell.
**Glaubst du?**
Ja, komm, wir fangen gleich an. Das macht Spaß.

**E2 Wie gefallen Ihnen die Hobbys von Alma und Karim?**
Welche besonderen Hobbys haben Sie? Erzählen Sie.

*Mir gefällt Karims Hobby. Ich spiele auch gern, mein Lieblingsspiel ist Schach.*

## Grammatik

### 1 Akkusativ: definiter Artikel ÜG 2.01, 2.02

| | Nominativ | Akkusativ |
|---|---|---|
| | Wo ist/sind ... | Ich habe ... |
| | • der Saft? | • **den** Saft. |
| Singular | • das Würstel? | • das Würstel. |
| | • die Semmel? | • die Semmel. |
| Plural | • die Salate? | • die Salate. |

### 2 Akkusativ: indefiniter Artikel ÜG 2.01, 2.02

| | Nominativ | Akkusativ |
|---|---|---|
| | Ist/Sind das ... | Ich mag ... |
| | • ein Saft? | • ein**en** Saft. |
| Singular | • ein Würstel? | • ein Würstel. |
| | • eine Semmel? | • eine Semmel. |
| Plural | • Salate? | • Salate. |

### 3 Akkusativ: Negativartikel ÜG 2.03

| | Nominativ | Akkusativ |
|---|---|---|
| | Das ist/sind ... | Ich habe ... |
| | • kein Saft. | • kein**en** Saft. |
| Singular | • kein Würstel. | • kein Würstel. |
| | • keine Semmel. | • keine Semmel. |
| Plural | • keine Salate. | • keine Salate. |

### 4 Ja-/Nein-Frage: *ja – nein – doch* ÜG 10.03

| Frage | Antwort | |
|---|---|---|
| Magst du ein Würstel? | Ja. | Nein. |
| Haben wir den Käse nicht dabei? | Doch. | Nein. |
| Hast du keinen Hunger mehr? | Doch. | Nein. |

### 5 Verb: Konjugation ÜG 5.01

| | lesen | treffen | nehmen | fahren | mögen |
|---|---|---|---|---|---|
| ich | lese | treffe | nehme | fahre | mag |
| du | liest | triffst | nimmst | fährst | magst |
| er/es/sie | liest | trifft | nimmt | fährt | mag |
| wir | lesen | treffen | nehmen | fahren | mögen |
| ihr | lest | trefft | nehmt | fahrt | mögt |
| sie/Sie | lesen | treffen | nehmen | fahren | mögen |

auch so: *fernsehen, essen, sprechen* | *schlafen, anfangen*

**TIPP**

Lernen Sie Regeln mit Situationen und Beispielen.

Antworten Sie.
Haben Sie eine Gitarre?
☺ ............ ☹ ............

Sprechen Sie nicht Deutsch?
☺ ............ ☹ ............

**TIPP**

Schreiben Sie Kärtchen.
Markieren sie und schreiben Sie Beispielsätze.

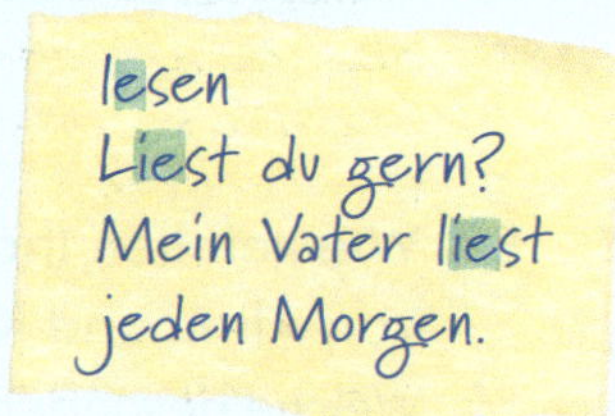

## Kommunikation

**HOBBYS:** Ich tanze gern.

| | |
|---|---|
| *Was sind Ihre/deine Hobbys?* | *Meine Hobbys sind Lesen und Gitarre spielen.* |
| *Was machst du / machen Sie gern in der Freizeit?* | *Ich schwimme viel.*<br>*Ich tanze gern. Das macht Spaß.*<br>*Ich mache gern Sport.*<br>*Ich finde Krimis gut./super./interessant.* |

Schreiben Sie.
Was sind Ihre Hobbys? Was machen Sie gern in der Freizeit?

In meiner Freizeit ...

**VORLIEBEN:** Mein Lieblingsbuch ist ...

*Mein Lieblingsspiel/Lieblingsbuch/Lieblingsfilm ist ...*

*Meine Lieblingsmusik ist ...*

**DAS WETTER:** Die Sonne scheint.

*Wie ist das Wetter?*

*Gut. | Die Sonne scheint. | Es ist warm. | Schön. | Es regnet. | Es ist heiß. | Schlecht. | Es ist windig. | Es ist kalt. | Nicht so gut/schön. Es ist bewölkt. | Es gibt viele Wolken. | Es schneit. | Heute hat es sieben Grad. | Im Sommer ist das Wetter sehr gut.*

| | |
|---|---|
| *Was ist Ihr/dein Lieblingswetter?* | *Ich finde warme Tage/kalte Tage gut.*<br>*Sonne/Regen/Schnee ist schön./angenehm./super./...*<br>*Ich mag Wind.*<br>*Wind/Regen/... mag ich gar nicht.* |

**STRATEGIEN:** Na gut.

*Sag einmal, ... | Schau einmal! | Na klar, ...*

*Na gut. | Oh, (so) blöd! | Hm, ...*

*Kein Problem. | Ich weiß nicht. | Moment einmal, ...*

## Lernziele

Ich kann jetzt ...

**A** ... über das Wetter sprechen:
*Wie ist das Wetter? – Gut. Die Sonne scheint.* ☺ 😐 ☹
... den Wetterbericht verstehen ☺ 😐 ☹

**B** ... spontane Wünsche und Vorlieben formulieren:
*Ich mag jetzt einen Leberkäse und ein Mineralwasser. Du auch?* ☺ 😐 ☹

**C** ... zustimmen, verneinen:
*Hast du keinen Hunger? – Doch./Nein.* ☺ 😐 ☹

**D** ... über die Freizeit sprechen:
*Ich spiele gern Fußball und ich schwimme viel.* ☺ 😐 ☹
... Personenporträts verstehen ☺ 😐 ☹

**E** ... Interviews über Hobbys verstehen ☺ 😐 ☹

Ich kenne jetzt ...

**... 5 Hobbys:**

schwimmen, ...

**... 7 Wörter zum Thema *Wetter*:**

windig, ...

PROJEKT

# *Freizeit in meinem Kursort*

1 Ihr Kursort: Recherchieren Sie die Informationen im Internet.
 a Wie viele Menschen leben da? How many people live there?
 b Wie ist das Wetter heute? How is the weather today?
 c Was kann ich in meiner Freizeit machen? what can I do in my free time?

2 Ergänzen Sie und markieren Sie die Informationen.

the course location

## Der Kursort

Der Kursort ……………………
liegt in …………………….
Er liegt im Westen / Osten / Norden / Süden / in der Mitte von ……………………
und hat …………… Einwohner.

the weather

## Das Wetter

Das Wetter ist heute gut / schön / nicht so gut / schlecht.
Es ist

sonnig.

leicht bewölkt.

stark bewölkt.

Es regnet.

Es schneit.

Es hat plus / minus ………… Grad.

Es ist …

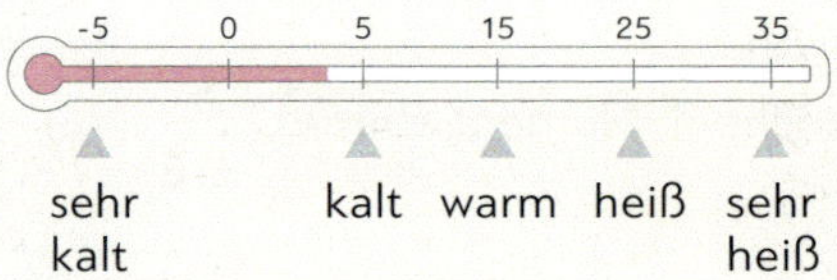


leisure offers

## Freizeitangebote

Kultur
……………………
……………………
……………………

Essen und Trinken
……………………
……………………
……………………

Sport
……………………
……………………
……………………

Andere
……………………
……………………
……………………

3 Präsentieren Sie im Kurs einen Punkt aus 2, zum Beispiel „Essen und Trinken“.

*In … findet ihr viele Restaurants. Ich mag zum Beispiel den „Wirt am Platz“ sehr gern. Mein Tipp ist der Schnitzel-Mittwoch. Da gibt es super Schnitzel!*

*Kennt ihr den Minigolf-Park? Er ist ganz neu!*

SPRECHEN

# In der Freizeit

*Maria und Hans gehen gern ins Restaurant.*

1 Schauen Sie die Grafik und die Fotos an. Sprechen Sie: Wer macht was gern?

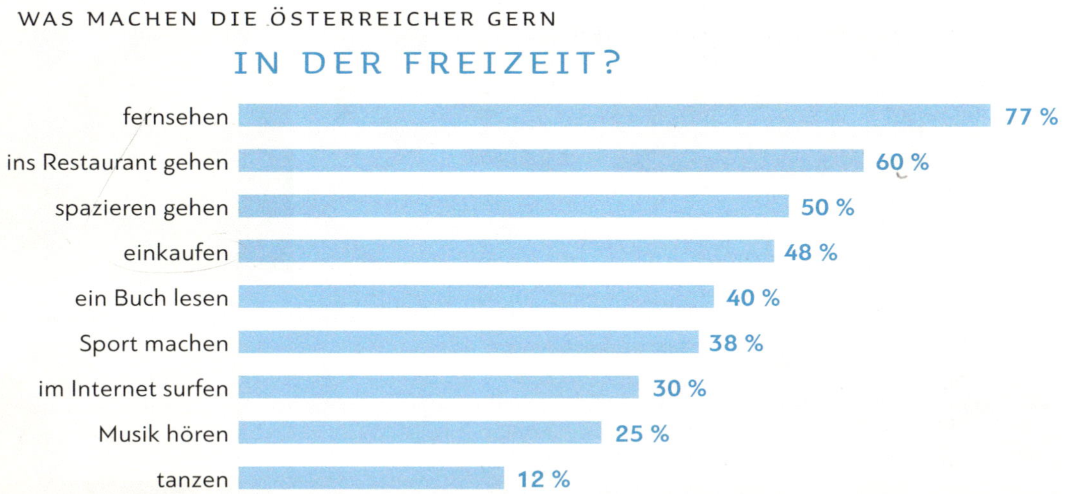

Maria und Hans

Theo

Herr Sommereder

Michael und Gabi

Christine

Martin

Gerhard und Elfi

Frau Brandtner

2 Und Sie? Was machen Sie in der Freizeit?

a Fragen Sie drei Personen und notieren Sie.

- ◆ Munise, was machst du in der Freizeit?
- ○ Ich gehe viel spazieren.
- ◆ Und du, Tomas?
- ○ Ich spiele Fußball.

b Machen Sie ein „Freizeit-Plakat“.

Kleidung - clothes

Munise geht viel spazieren.

spazieren gehen:
Munise, Andrea, Achmed

Fußball spielen:
Tomas, Vladimir

# Kinder und Schule

## Folge 7: Ein super Team

**1 Schauen Sie die Fotos an. Was meinen Sie?**

a Wer ist ein „super Team"?

b Wer sagt was? Kreuzen Sie an.

| | | Lili | Lara | Sofia |
|---|---|---|---|---|
| Foto 1 | Kannst du die Lili aufwecken?  | ○ | ○ | ⊗ |
| Foto 2 | Das Frühstück ist fertig! Was ist los? | ○ | ⊗ | ○ |
| Foto 3 | Ich habe Bauchweh!  | ⊗ | ○ | ○ |
| Foto 4 | Ihr schreibt also einen Mathematiktest.  | ○ | ⊗ | ○ |
| Foto 5 | Pünktlich  um Viertel nach zehn ist sie da. | ⊗ | ○ | ○ |
| Foto 6 | Sie will auf jeden Fall noch in den Deutschkurs gehen. | ⊗ | ○ | ○ |
| Foto 7 | Ich glaube, ich habe alles richtig gemacht. | ⊗ | ○ | ○ |
| Foto 8 | Hmm! Das schmeckt so gut! | ○ | ○ | ⊗ |

2 🔊 39-46

### 2 Hören Sie und vergleichen Sie.

2 🔊 41-46

### 3 Hören Sie noch einmal. Ordnen Sie die Sätze.

(5) Am Nachmittag kommt Lili heim und sagt: „Alles richtig!“

(4) Lili geht in die Schule und schreibt den Test.

(2) Lara macht einen Tee und lernt mit Lili Mathematik.
Sie ruft Lilis Lehrer an und sagt: „Lili kommt pünktlich zum Test.“

(6) Am Abend essen Sofia, Lara und Lili zusammen und Sofia sagt:
„Wir sind ein super Team!“

(1) Lili hat Bauchweh und kann nicht in die Schule gehen.
Sie schreibt heute aber einen Mathematiktest.

(3) Lili ruft in der Sprachschule an und sagt: Lara kommt erst um halb elf.

# A Ich **kann** nicht in die Schule **gehen**.

2 ◀)) 47-49 **A1 Hören Sie und ordnen Sie zu.** kann | Kannst | kann | ~~kann~~

A

Kannst du die Lili aufwecken?

B

Ich kann nicht aufstehen. Ich glaube, ich kann nicht in die Schule gehen.

C

Sie kann nicht um halb neun kommen. Sie kommt erst um halb elf.

2 ◀)) 50 **A2 Hören Sie und variieren Sie.**

- ○ Ich bin krank. Ich kann nicht einkaufen. Hannes, kannst du im Supermarkt einkaufen?
- ◆ Ja, kein Problem.

Varianten:
(nicht) kochen | (nicht) mit Jonas zum Arzt gehen | (nicht) mit Anna die Hausübung machen | Annas Lehrer (nicht) anrufen | …

| | |
|---|---|
| ich | kann |
| du | kannst |
| er/sie | kann |
| wir | können |
| ihr | könnt |
| sie/Sie | können |

Ich **kann** nicht **einkaufen**.
**Kannst** du im Supermarkt **einkaufen**?

**A3 Spiel: *Bingo* – Wer kann was wie gut?**
Fragen Sie und notieren Sie die Namen im Bingo. Wer hat zuerst vier Personen in einer Reihe?

- ◆ Kannst du Ski fahren?
- ○ Ja, ich kann sehr gut Ski fahren.

*Ja, sehr gut. / gut.*
*Nein, nicht so gut. / gar nicht.*

| sehr gut | gut | nicht so gut | gar nicht |
|---|---|---|---|
| Rad fahren bycicle | Kuchen backen  | schwimmen | singen  |
| reiten  | stricken | jonglieren  | kochen |
| tanzen | einen Handstand machen  | Französisch sprechen | Klavier spielen  |
| malen  | Ski fahren  | Tennis spielen  | fotografieren  |

**Variante 1:**
senkrecht

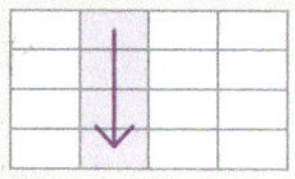

**Variante 2:**
waagrecht

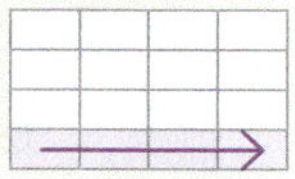

**Variante 3:**
diagonal

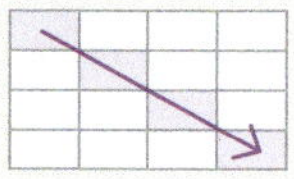

# B Ja, sie **will** den Mathematiktest **schreiben**.

## B1 Ordnen Sie zu.

~~will~~ aufstehen willst schreiben will ~~kommen~~

A

Ich will nicht zu spät kommen.

B

willst du nicht endlich aufstehen?

C

Ja, sie will den Mathematiktest schreiben.

Ich will nicht zu spät kommen.

| | |
|---|---|
| ich | will |
| du | willst |
| er/es/sie | will |
| wir | wollen |
| ihr | wollt |
| sie/Sie | wollen |

## B2 Das will ich lernen!

2 ◀)) 51-54 **a** Wer will was lernen? Hören Sie, notieren Sie und sprechen Sie.

*Anna will Französisch lernen.*

A

Anna

Französisch

B

Miguel und Ina

vietnamesisch

C

Hassan

Englisch

D

Kostas und Hella

Deutsche

**b** Was wollen Sie lernen? Sprechen Sie.

*Ich will Jonglieren lernen!*

## B3 Was wollen Sie im Deutschkurs gern machen?

Notieren Sie und sprechen Sie dann mit Ihrer Partnerin / Ihrem Partner.

- viel sprechen
- Lieder singen
- Spiele machen

viel sprechen | Grammatik üben | Filme anschauen | Texte lesen | Übungen machen | Lieder hören / singen | Spiele machen | einen Brief / ein Diktat / einen Text schreiben | ...

◆ Was willst du im Deutschkurs gern machen?
○ Ich will viel sprechen, Lieder singen und Spiele machen. Und du? Was willst du machen?
◆ Ich will auch Spiele machen und ich will Filme anschauen.

# C Du **hast** nicht **gelernt**.

## C1 Du hast nicht gelernt.

**a** Markieren Sie wie im Beispiel.

A

Du **hast** nicht **gelernt**.

B

Lara hat gerade Tee gemacht.

C

Ich habe Lauch gekauft.

D

Habt ihr den Mathematiktest geschrieben?

**b** Ordnen Sie zu.

(A) Lili lernt Mathematik.
(B) Lili hat Mathematik gelernt.

A

B

Lara **hat** Tee **gemacht**.

## C2 Ordnen Sie zu.

~~gelernt~~ gemacht ~~geschrieben~~ gehört gespielt gesehen gelesen gekauft gesprochen gearbeitet

| | -(e)t | -en |
|---|---|---|
| ich habe | gelernt | geschrieben |
| du hast | gemacht | gesehen |
| er/sie hat | gehört | gelesen |
| wir haben | gespielt | gesprochen |
| ihr habt | gekauft | |
| sie/Sie haben | gearbeitet | |

## C3 Was hat Lili gestern gemacht?

**a** Schauen Sie die Bilder an und ordnen Sie zu.

Lara getroffen ~~Bauchweh gehabt~~ mit Laras Lehrerin gesprochen geschlafen gespielt den Mathematiktest geschrieben Tee getrunken mit Lara und Sofia gegessen

A

Bauchweh gehabt

B

Tee getrunken

C

mit Laras Lehrerin gesprochen

D

den Mathematiktest geschrieben

E

Lara getroffen

F

gespielt

G

mit Lara und Sofia gegessen

H

geschlafen

b Was hat Lili wann gemacht? Sprechen Sie.

in der Früh | am Vormittag | am Nachmittag | am Abend | in der Nacht

*Lili hat am Nachmittag gespielt.*

## C4 Was haben Sie wann gemacht?

a Schreiben Sie 7 Kärtchen mit den Wochentagen und 7 Kärtchen mit Uhrzeiten.

b Sprechen Sie mit Ihrer Partnerin / Ihrem Partner.

ein Buch gelesen | geschlafen | gefrühstückt | Freunde getroffen | gekocht | Musik gehört | Fußball gespielt | gegessen | gearbeitet | ...

- ◆ Was hast du am Freitag um 12 Uhr gemacht? Hast du zu Mittag gegessen?
- ○ Nein, ich habe gearbeitet.
  Und was hast du am Montag von 14 bis 16 Uhr gemacht?
- ◆ Ich habe ...

Hast du zu Mittag gegessen?

## C5 Spiel: *Lebende Sätze*

a Schreiben Sie Sätze wie im Beispiel. Machen Sie Kärtchen und mischen Sie.

b Nehmen Sie ein Kärtchen und suchen Sie Ihre Partner. Bilden Sie Sätze.

# D Bist du pünktlich gekommen?

## 2 55 D1 Hören Sie und ergänzen Sie.

A

- ◆ Und dein Termin heute in der Früh, Sofia?
  Bist du pünktlich gekommen ?
- ○ Superpünktlich!

B

- ◆ Lara, was hast du heute Nachmittag gemacht?
- ○ Ich bin im Park spazieren gegangen. (gehen)

Ich bin spazieren gegangen .
Ich bin Rad gefahren .
Bist du pünktlich gekommen ?

## 2 56 D2 Hören Sie und variieren Sie.

- ◆ Wir haben am Freitag frei. Willst Du mit mir Rad fahren ?
- ○ Rad fahren ? Nein, nicht so gern ...
  Ich bin gestern auch schon Rad gefahren .
- ◆ Schade! pity
- ○ Willst du dann vielleicht mit mir in die Stadt gehen ?
- ◆ Ja, super! Das machen wir!

Varianten:

gesungen

im Park spazieren gehen – tanzen gehen
Pizza essen – zu Lisa fahren | Skateboard fahren – zusammen kochen

## D3 Bist du schon einmal ...?

**a** Schreiben Sie zu zweit sechs Fragen.

Frage:
Bist du schon einmal 100 Kilometer Rad gefahren?
Name: Ali

Frage:
Hast du schon einmal am Wochenende gearbeitet?
Name:

Frage:
Bist du schon einmal nach Berlin gefahren?
Name:

Frage:
Hast du schon einmal Wolken fotografiert?
Name:

**b** Wer hat das schon gemacht?
Fragen Sie im Kurs und notieren Sie die Namen.

SCHON FERTIG? Was haben Sie am Wochenende gemacht? Schreiben Sie.

# E Kommunikation mit der Schule

## E1 Welche Wörter kennen Sie? Lesen Sie und markieren Sie.

Liebe Eltern der Klasse 4a,

am Freitag, dem 26.09. ist kein Unterricht!
Ich möchte mit den Mädchen und Buben der Klasse 4a einen Ausflug ins Schwimmbad nach Hallein machen. Der Eintritt kostet 2 Euro.

Wir fahren um 8 Uhr los und kommen um ca. 14 Uhr wieder zurück.

Mit freundlichen Grüßen
Marianne Berndorfer

www.volksschule-tennengau.at

## E2 Was ist richtig? Kreuzen Sie an.

a Die Lehrerin will ○ am Samstag ☒ am Freitag mit den Kindern ins Schwimmbad fahren.
b Der Eintritt kostet ○ 20 Euro. ☒ 2 Euro.
c Der Ausflug fängt um ○ 14 Uhr ☒ 8 Uhr an.

## 2 🔊 57 E3 Was ist richtig? Hören Sie und kreuzen Sie an.

a ☒ Max geht in die Klasse von Frau Berndorfer.
b ○ Max kann heute zum Ausflug mitkommen.
c ☒ Max ist krank.

## E4 Rollenspiel

Wählen Sie eine Situation und spielen Sie ein Gespräch.

**Ihr Kind ist krank.**
Es kann nicht in die Schule gehen. Sie rufen in der Schule an.

**Sie sind krank.**
Sie können nicht in den Deutschkurs kommen. Sie rufen in Ihrer Sprachschule an.

**Ihr Kind ist krank.**
Sie können nicht in den Deutschunterricht kommen. Sie rufen in Ihrer Sprachschule an.

| | |
|---|---|
| *... Schule, Sekretariat, ...* | *Ja, guten Morgen, da spricht ...*<br>*Mein Kind / Mein Sohn / Meine Tochter geht in die Klasse ...*<br>*Er/Sie kann heute nicht in die Schule kommen. Er/Sie ist krank.*<br>*Ich kann heute nicht in den Deutschkurs / in den Unterricht kommen.*<br>*Ich bin krank. / Mein Kind ist krank.*<br>*Ich gehe zum Arzt.* |
| *Oh, das tut mir leid. Ich sage es der Lehrerin / dem Lehrer. Gute Besserung.* | |

## Grammatik

### 1 Modalverben: *können* und *wollen* ÜG 5.09, 5.10

| | können | wollen |
|---|---|---|
| ich | **kann** | **will** |
| du | kannst | willst |
| er/es/sie | **kann** | **will** |
| wir | können | wollen |
| ihr | könnt | wollt |
| sie/Sie | können | wollen |

ich | kann
er/es/sie | will

### 2 Modalverben im Satz ÜG 10.02

| | Position 2 | | Ende |
|---|---|---|---|
| Ich | kann | nicht in den Deutschkurs | gehen. |
| Sie | will | nicht zu spät | kommen. |
| Kannst | du | im Supermarkt | einkaufen? |

Was können Sie (nicht)? Schreiben Sie drei Sätze.

Ich ... gut ...
... ein bisschen ...
... nicht ...

### 3 Perfekt mit *haben* ÜG 5.03

| | | *haben + ge...t* |
|---|---|---|
| lernen | er lernt | er hat gelernt |
| machen | er macht | er hat gemacht |
| spielen | er spielt | er hat gespielt |
| kaufen | er kauft | er hat gekauft |

| | | *haben + ge...en* |
|---|---|---|
| treffen | er trifft | er hat getroffen |
| trinken | er trinkt | er hat getrunken |
| sprechen | er spricht | er hat gesprochen |
| schreiben | er schreibt | er hat geschrieben |

Merke:
Oft bei *ge...en* :

schreiben – geschrieben
sprechen – gesprochen
trinken – getrunken

### 4 Perfekt mit *sein* ÜG 5.04

| | | *sein + ge...en* (• → •) |
|---|---|---|
| gehen | er geht | er ist gegangen |
| fahren | er fährt | er ist gefahren |
| kommen | er kommt | er ist gekommen |

Ich bin gegangen.
Ich bin gefahren.

### 5 Das Perfekt im Satz ÜG 10.02

| | Position 2 | | Ende |
|---|---|---|---|
| Lara | hat | Tee | gemacht. |
| Ich | bin | spazieren | gegangen. |
| Bist | du | pünktlich | gekommen? |

## Kommunikation

**WUNSCH:** Was willst du lernen?

*Was willst du / wollen Sie lernen?* — *Ich will Jonglieren lernen.*
*Willst du mit mir Rad fahren?*

**FÄHIGKEIT:** Ich kann sehr gut Ski fahren.

*Kannst du / Können Sie Ski fahren?* — *Ja, ich kann (sehr) gut Ski fahren.*
*Ja, (sehr) gut.*
*Nein, ich kann nicht (so) gut / gar nicht Ski fahren.*
*Nein, nicht so gut.*

**SICH / JEMANDEN ENTSCHULDIGEN:** Ich bin krank.

*Ich bin krank.* — *Oh, das tut mir leid.*
*Mein Kind / Mein Sohn / Meine Tochter ist krank. Ich/Er/Sie kann heute nicht in den Deutschkurs / in den Unterricht kommen.* — *Ich sage es der Lehrerin / dem Lehrer.*
*Ich gehe zum Arzt.* — *Gute Besserung.*

**STRATEGIEN:** Schade!

*Ja, super!* | *Nein, nicht so gern.* | *Schade!*

Schreiben Sie fünf Wünsche.

Ich will gut Deutsch lernen.
...

## Lernziele

Ich kann jetzt ...

A ... sagen: Das kann ich (nicht) gut:
*Ich kann (nicht) gut Ski fahren.* ☺ 😐 ☹

B ... sagen: Das möchte/mag ich machen:
*Ich will Lieder singen und Spiele machen.* ☺ 😐 ☹

C ... sagen: Das habe ich gestern/früher/... gemacht:
*Gestern habe ich gearbeitet.* ☺ 😐 ☹

D ... sagen: Das habe ich gestern/früher/... gemacht:
*Am Wochenende bin ich Rad gefahren.* ☺ 😐 ☹

E ... mich / mein Kind in der Schule / im Deutschkurs entschuldigen:
*Ich kann heute leider nicht kommen.* ☺ 😐 ☹

Ich kenne jetzt ...

**... 5 Wörter zum Thema *Schule*:**
Lehrer, ...

**... 5 Aktivitäten im Deutschkurs:**
ein Diktat schreiben, ...

**... 5 Freizeitaktivitäten:**
Fußball spielen, singen, ...

SPIEL

# Österreichreise: Gemma, gemma! Wer ist zuerst in Wien?

Spielen Sie zu zweit oder in Kleingruppen (maximal 2 Teams).
Sie brauchen: 1 Würfel, 2 kleine Spielfiguren

Würfeln Sie. Wählen Sie eine Aufgabe oder Frage aus der Tabelle.
Antworten Sie und streichen Sie die Aufgabe durch.

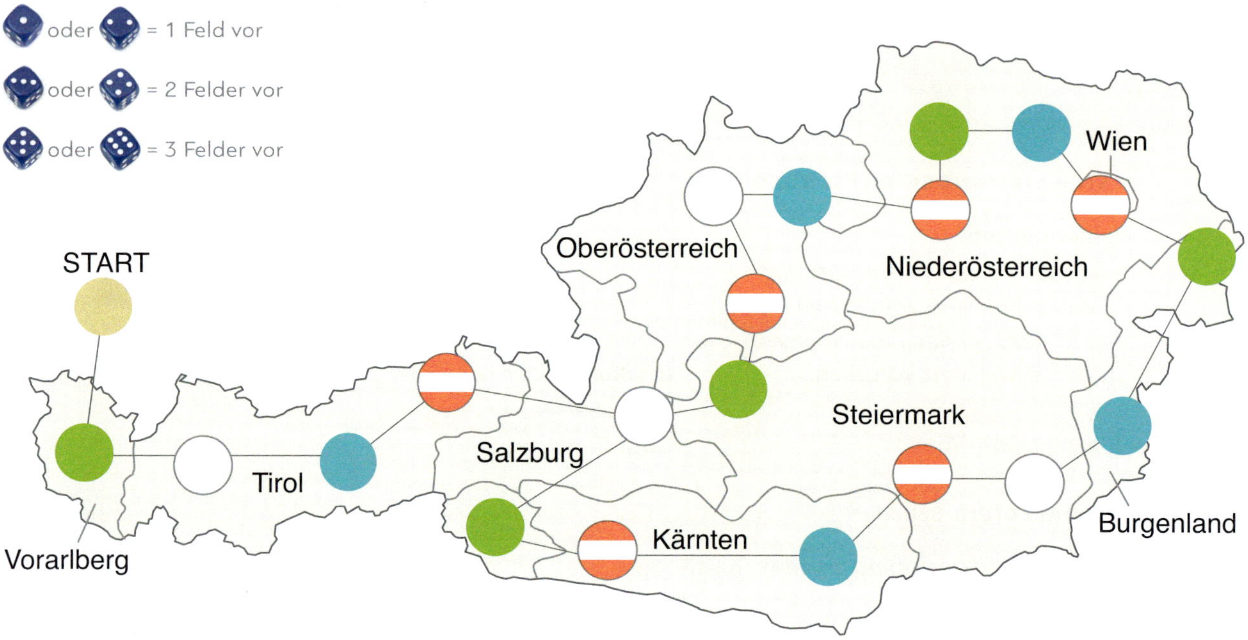


| ● = grüne Fragen | ● = blaue Fragen | = rot-weiß-rote Fragen | ○ = Aktionsfelder |
|---|---|---|---|
| Buchstabieren Sie Ihren Namen! | Was sind Ihre Hobbys? | Wie ist Ihre Adresse? | 1 Feld vor! → |
| Wie ist Ihre Telefonnummer? | Nennen Sie drei Möbel. | Wie heißt die Hauptstadt von Österreich? | 1x aussetzen |
| Lesen Sie die Zahlen: 17 – 73 – 37 | Welche Räume hat Ihre Wohnung? | Nennen Sie drei österreichische Städte oder drei Bundesländer. | 1 Feld zurück! ← |
| Ich habe ein Auto.<br>Du ... ein Auto.<br>Er/Sie ... | Nennen Sie zwei Obst- und zwei Gemüsesorten! | Nennen Sie drei österreichische Speisen. | Singen Sie ein Lied in Ihrer Sprache! |
| Das ist ein Sessel. Er ist neu.<br>Das ist eine Couch. ... ist schön.<br>Das ist ein Bett. ... ist groß. | Wie ist das Wetter heute? | Was ist eine „Garçonnière"? | Fahren Sie nach Salzburg! |
| ich fahre – er fährt<br>ich lese – du ...<br>ich schlafe – sie ...<br>ich treffe – er ... | Wie geht es weiter? – Frühling,<br>So ...,<br>H ... und ... | Wie sagen Sie?<br>Hallo! – S ....!<br>Guten Tag! – G ... G ...! | Sprechen Sie in Ihrer Sprache:<br>Ich heiße ...<br>Ich komme aus ... |

LESEN

# Abzählreime

1 Was passt? Lesen Sie die Reime und ordnen Sie zu.

① Ene mene miste,
es rappelt in der Kiste,
ene mene meck
und du bist weg.

② Eins, zwei, drei, vier,
fünf, sechs, sieben,
eine alte Frau kocht Rüben,
eine alte Frau kocht Speck
und du bist weg.

③ Eine kleine Dickmadam
fährt mit der Eisenbahn,
steigt dann wieder aus
und du bist raus.

② A

○ B

○ C

2 ◀) 58 2 Hören Sie die Abzählreime. Welcher gefällt Ihnen gut?
Lernen Sie „Ihren“ Abzählreim auswendig.
Wer hat noch „Ihren“ Abzählreim gelernt?
Sprechen Sie zusammen im Chor.

Kursbuchteil A1.2
Lektionen 8–14
(CDs 1 und 2 zu Lektionen 8–14)

# Beruf und Arbeit

Folge 8: *Total fotogen*

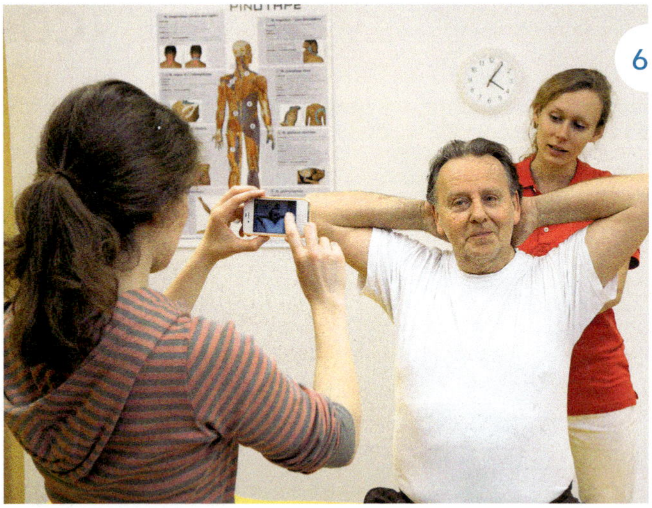


**1 Schauen Sie die Fotos an. Was meinen Sie? Was ist richtig? Kreuzen Sie an.**

a Wo spielt die Geschichte?
- ☒ in Sofias Ordination
- ○ im Krankenhaus

b Was machen Lara und Tim?
- ☒ ein Interview für den Deutschkurs
- ○ ein Interview für eine Zeitung oder das Fernsehen

c Sie sprechen mit Sofia über ...
- ☒ Ausbildung und Beruf.
- ○ Familie und Beruf.

d Wer ist der Mann auf Foto 1?

- ○ Sofias Chef
- ☒ Sofias Patient

e Was ist der Mann von Beruf?

- ○ Journalist
- ☒ Hausmeister

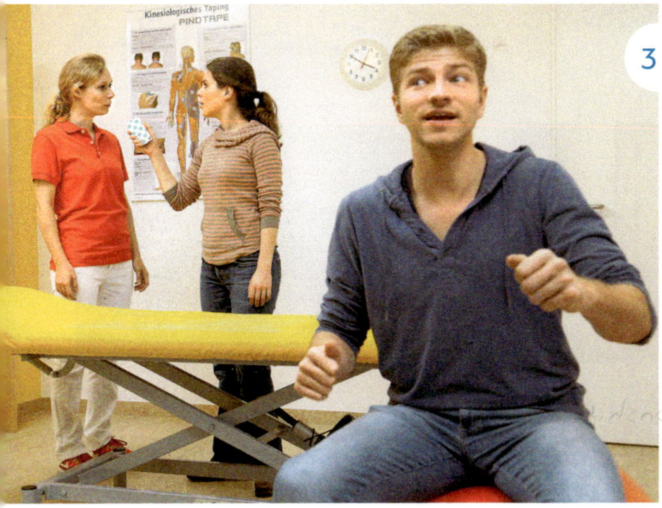

1 🔊 1–8

**2 Hören Sie und vergleichen Sie.**

1 🔊 1–8

**3 Hören Sie noch einmal und ordnen Sie zu.**

Physiotherapeutin | Patient | Hausmeister | Chef | Ordination | Beruf | Journalisten | ~~Deutschkurs~~ | 35

- der Hausmeister = der Hausbesorger
- die Hausmeisterin = die Hausbesorgerin

a Lara will ein Interview für den Deutschkurs machen.
Das Thema ist „Arbeit und Beruf".

b Herr Koch ist Hausmeister von Beruf. Er kommt auch zum Interview.

c Sofia ist Physiotherapeutin von Beruf. Sie hat eine Ausbildung gemacht.

d Sofia hat zuerst drei Jahre in einer Ordination gearbeitet.

e Sofias Chef war sehr gut. Aber nun hat Sofia eine eigene Ordination.

f Herr Koch ist der Patient von Sofia.

g Herr Koch arbeitet seit 35 Jahren als Hausmeister.

h Herr Koch denkt, Lara und Tim sind Journalisten bei einer Zeitung.

# A Ich bin **Physiotherapeutin**.

## A1 Wer ist was von Beruf? Ordnen Sie zu.

Hausmeister ~~Physiotherapeutin~~ Ordinationshilfe

| | |
|---|---|
| Ich arbeite | als Hausmeister.<br>bei TerraMax. |

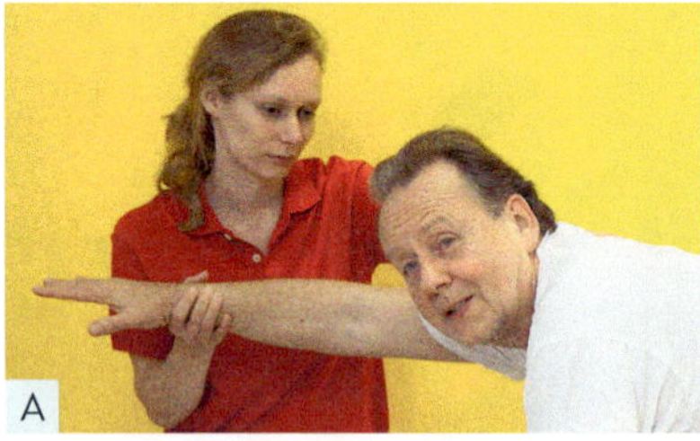
A

Ich bin Physiotherapeutin.

B

Ich bin Ordinationshilfe von Beruf.

C

Ich arbeite als Hausmeister bei „TerraMaxImmobilien".

## A2 Berufe

**a** Ordnen Sie zu und ergänzen Sie die Tabelle.

A

• Ärztin

B

• Mechatroniker

C

• Hausfrau

D



• Polizistin

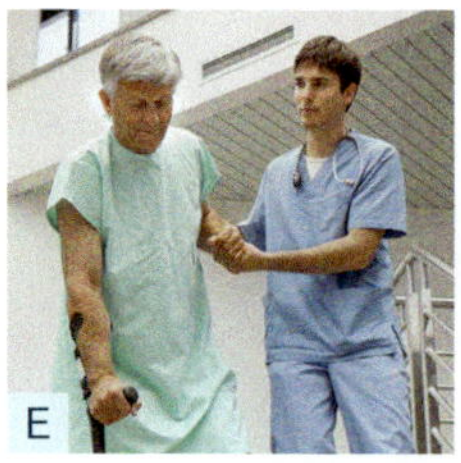
E

• Krankenpfleger

| |  |  |
|---|---|---|
| (B) | • Mechatroniker | • Mechatroniker**in** |
| (D) | • Polizist | • Polizistin |
| (A) | • Arzt | • Ärztin |
| (C) | • Haus**mann** | • Hausfrau |
| (E) | • Krankenpfleger | • Kranken**schwester** |

**b** Machen Sie mit Ihrer Partnerin / Ihrem Partner eine Liste mit noch zehn Berufen.

Lehrer – Lehrerin
...

## A3 Im Kurs: Fragen Sie und antworten Sie.

| | |
|---|---|
| *Was sind Sie / bist du von Beruf?*<br>*Was machen Sie / machst du (beruflich)?* | *Ich bin ... / Ich arbeite als ... bei ...*<br>*Ich bin Schüler(in) / Student(in).*<br>*Ich gehe noch in die Schule. / Ich studiere noch.*<br>*Ich mache eine Ausbildung als ...*<br>*Ich habe einen Job / eine Stelle als ...*<br>*Ich bin angestellt. / selbstständig.*<br>*Ich arbeite jetzt nicht. / Ich bin nicht berufstätig.*<br>*Ich bin zurzeit arbeitslos.* |

◆ Was bist du von Beruf?
○ Ich bin Student und ich habe einen Job als Taxifahrer. Und du? Was machst du?

# B Wann hast du die Ausbildung gemacht?

## B1 Hören Sie und verbinden Sie.

1 9

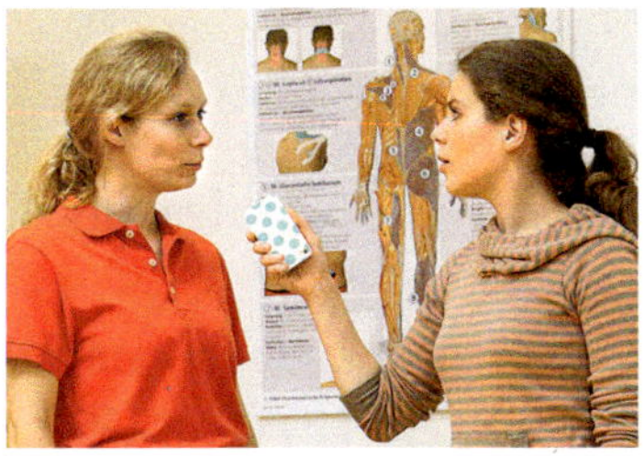

a Wann hast du die Ausbildung gemacht?
b Und wie lange hat die Ausbildung gedauert?
c Und seit wann bist du schon selbstständig?

Meine Ordination habe ich jetzt seit vier Jahren.
Vor zehn Jahren.
Drei Jahre.

## B2 Interview mit Herrn Koch

1 10

Ergänzen Sie die Antworten. Hören Sie dann und vergleichen Sie.

- ◆ Wie lange arbeiten Sie schon als Hausmeister? (How long)
- ○ 38 Jahre!
- ◆ Wann haben Sie die Ausbildung gemacht?
- ○ vor 40 Jahren!
- ◆ Und seit wann arbeiten Sie bei „TerraMaxImmobilien"?
- ○ Seit 35 Jahren!

Herr Koch

(Training done)
Wann haben Sie die Ausbildung gemacht?
Vor zehn Jahren. / Vor zwei Monaten. / 2012.
Wie lange hat die Ausbildung gedauert? (→ plural)
Drei Jahre. / Sechs Monate.
Seit wann / Wie lange bist du schon selbstständig? (self-employed)
Seit vier Jahren. / Seit acht Monaten. / Seit 2014.
(→ since)

## B3 Eine Bewerbung

Frau Szabo möchte ein Praktikum bei der Firma „mediaplanet" machen. Der Abteilungsleiter Herr Winter hat noch Fragen. Lesen Sie das E-Mail von Frau Szabo und notieren Sie die Fragen.

E-Mail senden

Sehr geehrter Herr Winter,
ich möchte sehr gern in Ihrer Marketing-Abteilung ein Praktikum machen. Ich bin Ungarin und habe in Budapest Wirtschaft und Marketing studiert und gerade mein Diplom gemacht. Jetzt lebe ich in Österreich und mache im Moment ein Praktikum bei „Inova-Marketing" in Salzburg. Ich habe auch schon im Büro bei „S & P Media" in Innsbruck gearbeitet. Ich spreche sehr gut Englisch und lerne auch Deutsch.
Für weitere Informationen stehe ich Ihnen gern zur Verfügung.
Mit freundlichen Grüßen
Katalin Szabo

1 Wann?
2 Seit wann?
3 Wie lange schon?
4 Wann?
5 Seit wann?

1 Wann haben Sie das Diplom gemacht?
2 Seit wann leben Sie ...

## B4 Hören Sie das Telefongespräch. Ordnen Sie die Antworten den Fragen aus B3 zu.

1 11

(3) Seit einem Monat.
(4) Das war vor zehn Monaten.
(5) Schon vier Jahre.
(1) Vor einem Jahr.
(2) Seit sechs Monaten.

| | |
|---|---|
| vor<br>seit | einem Monat<br>einem Jahr<br>einer Woche |

## B5 Unser Kursalbum

Machen Sie ein Buch oder eine Internetseite.

**a** Notieren Sie Fragen für ein Interview mit Ihrer Partnerin / Ihrem Partner.

Wo ...? | Was ...? | Wann ...? | Wie lange ...? | Seit wann ...? | Wie alt ...? | ...

geboren | leben | nach Österreich kommen | heiraten | Deutsch lernen | beruflich machen | eine Ausbildung machen | studieren | arbeiten als | Hobbys | Kinder | ...

Wann / Wo bist du geboren?
Wo hast du gelebt?
Wie lange lernst du schon Deutsch?
Was machst du beruflich?
Hast du Kinder?
Wie alt ...?
...

**b** Stellen Sie Ihrer Partnerin / Ihrem Partner die Fragen.

Antonio, wann bist du eigentlich geboren?

Ich bin 1989 in Italien geboren.

Wo hast du gelebt?

Ich habe in Florenz und später in Rom gelebt.

Was machst du beruflich?

In Rom habe ich als Reiseführer gearbeitet. Ich habe Touristen die Stadt gezeigt.

Oh, interessant! Und was machst du jetzt?

| Man schreibt: | Man sagt: |
|---|---|
| 1989 | 19hundert89 |
| 2015 | 2tausend15 |

**c** Schreiben Sie einen Text über Ihre Partnerin / Ihren Partner wie in den Beispielen.

Das ist Antonio.
Er ist 1989 in Italien geboren. Er hat in Florenz und Rom gelebt. Von Beruf ist er Reiseführer.
Jetzt lernt er Deutsch und arbeitet schon seit ...

Startseite | Kontakt

**Mein Deutschkurs**

Mein Kursalbum
Kurszeiten
Kursmitglieder

Das ist Zola. Sie ist 1978 in Ghana geboren. Dort hat sie in Accra gewohnt. Vor einem Jahr ist sie nach Österreich gekommen. Seit sechs Monaten lernt Zola Deutsch. Von Beruf ist sie ...

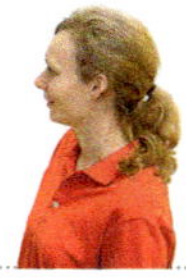

## 1 🔊 12–13 C1 Hören Sie und ordnen Sie zu.

~~war~~ ~~hatte~~ ~~Hattest~~ ~~war~~

1
◆ Hattest du dann gleich deine eigene Ordination?
○ Nein, nein! Ich hatte ja noch fast keine Berufserfahrung.

2
◆ Wie war dein Chef?
○ Er war sehr professionell.

## C2 Annas Blog: Früher und heute

**a** Annas Job früher und heute. Lesen Sie und ergänzen Sie die Tabelle.

**Meine Jobs**

Vor einem Jahr habe ich in einem Café gearbeitet. Ich hatte sehr viel Arbeit und oft Stress. Mein Chef war gar nicht nett. Mein Deutsch war schlecht. Ich habe die Kunden manchmal nicht verstanden. Ich glaube, ich war keine gute Kellnerin.
Heute arbeite ich in einem Restaurant. Ich habe nicht so viel Arbeit. Und meine Chefin ist toll. Mein Deutsch ist jetzt sehr gut. Heute bin ich eine super Kellnerin. ☺

| | früher (formerly) | heute |
|---|---|---|
| viel Arbeit? | viel Arbeit | nicht viel Arbeit |
| Chef/Chefin? | gar nicht nett | ist toll |
| Deutsch? | schlecht | sehr gut |
| gute Kellnerin? (waitress) | nein, keine gut Kellnerin | ja super Kellnerin |

**b** Sprechen Sie.

*Früher hatte Anna viel Arbeit. Heute hat sie nicht so viel Arbeit.* (earlier)

| sein | | | | haben | | | |
|---|---|---|---|---|---|---|---|
| ich | bin | → ich | war | ich | habe | → ich | hatte |
| du | bist | → du | warst | du | hast | → du | hattest |
| er/es/sie | ist | → er/es/sie | war | er/es/sie | hat | → er/es/sie | hatte |
| wir | sind | → wir | waren | wir | haben | → wir | hatten |
| ihr | seid | → ihr | wart | ihr | habt | → ihr | hattet |
| sie/Sie | sind | → sie/Sie | waren | sie/Sie | haben | → sie/Sie | hatten |

## C3 Im Kurs: Wie war Ihr erster Job? Was machen Sie heute?

Schreiben Sie einen Text. Mischen Sie die Zettel. Die anderen raten: Wer ist wer?

Ich war …
Heute arbeite ich …

*Ich war Verkäufer(in)/Architekt(in)/Koch/Köchin/Arbeiter(in)/…*
*Ich hatte viel/wenig Arbeit./keine Berufserfahrung./viel/keinen Spaß.*
*Der Job war (nicht) einfach.*
*Der Chef war/Die Kollegen waren (nicht) sehr nett./professionell.*

# D Jobinserate

## D1 Lesen Sie und markieren Sie.

Was haben die Leute früher gemacht? Was machen sie heute?
Wann können/wollen die Leute arbeiten?

- das Inserat =
- die Anzeige

### *Heute hier, morgen dort // Arbeiten und Studieren in Europa*

**Im Ausland arbeiten oder studieren? Früher war das in Europa nicht leicht. Auch heute gibt es noch das eine oder andere Problem.**

**1** HALLO, ICH BIN MARIE KOVALSKÁ. Ich bin 28 und komme aus Tschechien. Von Beruf bin ich Krankenschwester. Ich bin vor drei Jahren nach Wien gekommen. Eine Schulfreundin aus Prag hat dort als mobile Altenpflegerin gearbeitet und ihre Firma hat Arbeitskräfte gesucht. Altenpflege war neu für mich. Für die Firma war das aber kein Problem und ich habe sofort einen Arbeitsplatz bekommen. Die Arbeit macht Spaß. Leider ist mein Deutsch noch nicht so gut. Ich möchte am Vormittag einen Deutschkurs besuchen und kann nur am Nachmittag arbeiten.

**2** MEIN NAME IST REBAL SARAH. Ich bin 31. Ich hatte ein Geschäft in Aleppo, in Syrien. Dort habe ich Arbeitskleidung verkauft. Aber ich hatte fast keine Kunden mehr. Jetzt bin ich schon seit zwei Jahren hier in Wien. Zurzeit arbeite ich als Fahrer bei einem Paketdienst. Das ist nicht mein Traumjob. Ich möchte sehr gern wieder als Verkäufer arbeiten. Ich suche einen neuen Job. Am Abend gehe ich seit einem Jahr dreimal pro Woche in den Deutschkurs. Das hilft, ich kann die Leute jetzt schon viel besser verstehen.

**3** ICH HEISSE MIHAELA PRICOPE, bin 21 Jahre alt und komme aus Rumänien. Ich habe eine Ausbildung als Fremdsprachensekretärin gemacht. Dabei habe ich sehr gut Englisch und Französisch gelernt. Aber leider hatte ich kein Deutsch. Seit Jänner mache ich einen Intensivsprachkurs, Montag bis Freitag von neun bis fünfzehn Uhr. Ich möchte nämlich hier an der Universität in Wien Pharmazie studieren. Zurzeit suche ich einen Job am Nachmittag oder am Abend.

## D2 Lesen Sie die Inserate in der Jobbörse. Markieren Sie die Berufe und die Arbeitszeiten.

**A**

***Ledil Supermärkte***
Für unsere Wiener Geschäfte in Ottakring, Hernals und Währing suchen wir befristet für ein Jahr Verkäufer/-innen in Vollzeit und Teilzeit.
Arbeitszeit: von Montag bis Samstag, ganztags oder halbtags (vormittags 7–14 Uhr / nachmittags 13–20 Uhr).

**B**

Wer kann Nachhilfe in Englisch geben? Montags und donnerstags von 16 bis 18 Uhr, Tutorium GmbH, Tel. 788 65 52 oder b.bauer@tutorium.at

**C**

***Seniorenresidenz Isabella***
Wir suchen ab sofort Pflegefachkräfte für 15 Std./Woche für nachmittags, 14 bis 17 Uhr.
E-Mail: seniorenresidenz-isabella@pflegedienste.at

**D**

***Aushilfen dringend gesucht***
Für das Café *Bistro Classico* suchen wir von 14 bis 21 Uhr Aushilfen in der Küche auf 450-Euro-Basis und eine Vollzeitkraft im Service/Verkauf, Mo–Sa, 9 bis 16 Uhr.
Tel.: 78 65 44 08

jeden Vormittag = vormittags
*auch so:* morgens, mittags, abends ...

jeden Montag = montags
*auch so:* dienstags, mittwochs ...

## D3 Welches Inserat aus D2 passt zu welcher Person aus D1? Ordnen Sie zu.

◯ Frau Kovalská ◯ Herr Sarah ◯ Frau Pricope

## 1 🔊 14 D4 Jobinserat

Lesen Sie das Inserat und hören Sie das Telefongespräch. Was ist richtig? Kreuzen Sie an.

***Café Rudolf***
Wir suchen Servicekräfte für Vormittag oder Nachmittag. Arbeitsbeginn sofort.
Bewerbungen bitte an *Rudolf Brot GmbH*, Landstraße 25, 3910 Zwettl.
Telefonische Nachfragen unter
0 28 22/65 48 82 32.

a ◯ Die Arbeitszeiten sind von Montag bis Samstag von 15 bis 19 Uhr.
b ☒ Am Samstagvormittag hat das Café *Rudolf* offen.
c ☒ Herr Schneeberger will gern am Nachmittag arbeiten.
d ◯ Das Café *Rudolf* zahlt 10 Euro pro Stunde.

## D5 Sie suchen einen Job.

Lesen Sie das Inserat und spielen Sie ein Gespräch.

***Fibio – Lebensmitteldiscounter***
Aushilfe im Supermarkt gesucht, jeweils samstags von 10 bis 18 Uhr
8,50 €/Stunde
Tel.: 0177/58 45 336

◆ ..., grüß Gott.
○ Grüß Gott, mein Name ist ... Ich habe Ihr Inserat gelesen. Sie suchen eine ... Ist die Stelle noch frei?
◆ Ja.
○ Gut. Und wie sind die Arbeitszeiten?
◆ ...
○ Aha, das passt. Und wie hoch ist der Stundenlohn?
◆ Wir zahlen ...
○ Gut, okay.
◆ Dann kommen Sie doch einmal vorbei. Können Sie am ... um ... Uhr?
○ Ja, das passt.
◆ Gut, dann bis ... Auf Wiederhören!

## D6 Sie suchen einen Job. Schreiben Sie ein Inserat.

Suche Arbeit als Krankenpfleger
für einen Tag in der Woche am Abend.
Tel.: 0471/64583

**SCHON FERTIG?** Ihr Traumberuf? Ihre Arbeitszeiten? Was machen Sie? Schreiben Sie.

| | | |
|---|---|---|
| für | • einen | Tag in der Woche |
| | • ein | Wochenende |
| | • eine | Stunde am Tag |
| | • zwei | Wochen |

## Grammatik

### 1 Nomen: Wortbildung ÜG 11.01

|  | -in  |
|---|---|
| • der Mechatroniker | • die Mechatroniker**in** |
| • der Arzt | • die Ärzt**in** |
| | ⚠ • die Mechatroniker**innen** |
| ⚠ • der Haus**mann** | • die Haus**frau** |
| • der Kranken**pfleger** | • die Kranken**schwester** |

Ergänzen Sie.

Er ist .................... von Beruf.
Sie ist .................... von Beruf.

### 2 Lokale Präposition: *bei*, modale Präposition: *als* ÜG 6.03

| Wo arbeiten Sie? | |
|---|---|
| Ich arbeite | **als** Hausmeister. |
| | **bei** TerraMax. |

Und Sie? Was sind Sie von Beruf? Wo arbeiten Sie? Schreiben Sie.

*Ich ...*

### 3 Temporale Präpositionen: *vor, seit* + Dativ ÜG 6.01

| | | Singular | | | Plural | |
|---|---|---|---|---|---|---|
| **Wann?** | | | | | | |
| Ich habe | **vor** | • ein**em** Monat | • ein**em** Jahr | • ein**er** Woche | • zwei Monate**n** | die Ausbildung gemacht. |
| **Seit wann? / Wie lange?** | | | | | | |
| Ich bin | **seit** | • ein**em** Monat | • ein**em** Jahr | • ein**er** Woche | • zwei Jahre**n** | selbstständig. |

### 4 Temporale Präposition: *für* + Akkusativ ÜG 6.01

| | Singular | | | Plural | |
|---|---|---|---|---|---|
| **Für wie lange?** | | | | | |
| Ich suche **für** | • ein**en** Monat | • ein Jahr | • eine Woche | • zwei Wochen | eine Arbeit. |

Schreiben Sie fünf Sätze.

*Sie haben fünf Wünsche frei! Wo oder wer möchten Sie für einen Tag, eine Woche oder ein Jahr sein?*

*Ich möchte gern für ein Jahr in Italien am Meer sein.*

### 5 Präteritum: *sein* und *haben* ÜG 5.06

| | sein | | haben | |
|---|---|---|---|---|
| | Präsens | Präteritum | Präsens | Präteritum |
| ich | bin | **war** | habe | **hatte** |
| du | bist | **warst** | hast | **hattest** |
| er/es/sie | ist | **war** | hat | **hatte** |
| wir | sind | **waren** | haben | **hatten** |
| ihr | seid | **wart** | habt | **hattet** |
| sie/Sie | sind | **waren** | haben | **hatten** |

Früher und heute. Schreiben Sie drei Sätze über sich.

*Früher war/hatte ich ...*
*Heute bin/habe ich ...*

Study for test

## Kommunikation

**ÜBER DEN BERUF SPRECHEN:** Was sind Sie von Beruf?

*Was sind Sie / bist du von Beruf?*

*Was machen Sie / machst du (beruflich)?*

*Ich bin … / Ich arbeite als … bei … | Ich bin Schüler(in) / Student(in). Ich gehe noch in die Schule. | Ich studiere noch. | Ich mache eine Ausbildung als … | Ich habe einen Job / eine Stelle als … | Ich bin angestellt./selbstständig. | Ich arbeite jetzt nicht. | Ich bin nicht berufstätig. | Ich bin zurzeit arbeitslos.*

**ÜBER PRIVATES SPRECHEN:** Wann bist du geboren?

| | |
|---|---|
| *Wann bist du geboren?* | *19../20..* |
| *Wo bist du geboren?* | *In …* |
| *Wo hast du gelebt / gewohnt?* | *In … und in …* |
| *Wann bist du nach Österreich gekommen?* | *Vor einem Jahr … / Vor sechs Monaten. / 19../20..* |
| *Seit wann / Wie lange lernst du schon Deutsch?* | *Seit zwei Jahren. / Zwei Jahre.* |

**ÜBER BERUFSERFAHRUNG SPRECHEN:** Ich hatte viel Arbeit.

*Ich war Verkäufer(in). / Architekt(in). / Koch. / Köchin. / Arbeiter(in). / …*

*Ich hatte viel / wenig Arbeit. / keine Berufserfahrung. / viel / keinen Spaß.*

*Der Job war (nicht) einfach. | Der Chef war / Die Kollegen waren (nicht) sehr nett. / professionell.*

**AM TELEFON NACH EINER STELLE FRAGEN:** Ist die Stelle noch frei?

*Grüß Gott, mein Name ist … | Ich habe Ihr Inserat gelesen. | Sie suchen eine(n) … | Ist die Stelle noch frei? | Wie sind die Arbeitszeiten? / Wie hoch ist der Stundenlohn?*

*Wir zahlen … | Dann kommen Sie doch einmal vorbei. | Können Sie am … um … Uhr?*

Schreiben Sie über die Berufe von drei Freundinnen / Freunden.

Meine Freundin Tina ist Polizistin, aber sie arbeitet jetzt nicht. Sie hat ein Kind.
Mein Freund …

Ihr Leben. Schreiben Sie.

Ich bin 1988 in Madrid geboren und habe auch 20 Jahre dort gelebt.
Vor …

## Lernziele

Ich kann jetzt …

A … sagen: Das ist mein Beruf: *Ich bin Physiotherapeutin.* ☺ 😐 ☹

B … über Privates / mein Leben / meinen Beruf sprechen: *In Rom habe ich als Reiseführer gearbeitet.* ☺ 😐 ☹

C … über früher sprechen: *Ich hatte viel Arbeit.* ☺ 😐 ☹

D … Jobinserate und Texte zum Thema „Beruf" verstehen: *Aushilfen gesucht!* ☺ 😐 ☹

… am Telefon nach einem Job fragen: *Ist die Stelle noch frei?* ☺ 😐 ☹

… ein Jobinserat schreiben: *Suche Arbeit als Krankenpfleger* ☺ 😐 ☹

Ich kenne jetzt …

8 Berufe:

der Arzt, …

5 Wörter zum Thema *Arbeit und Beruf*:

die Ausbildung, …

ÖSTERREICH-SPEZIAL

# Berufe in Österreich

Schauen Sie die Bilder an und ergänzen Sie.

- der Hausbesorger

- die Fleischhauerin

- der Pensionist

- der Rauchfangkehrer

- der ~~Briefträger~~

- die Trafikantin

a Der Briefträger bringt Briefe und Pakete.
b Der Pensionist arbeitet nicht mehr. – don't work anymore
c Die Fleischhauerin verkauft Fleisch und Wurst. – sausage
d Der Rauchfangkehrer macht den Kamin sauber. – clean, chimney
e Der Hausbesorger kümmert sich um ein Wohnhaus. – takes care
f Die Trafikantin verkauft Zeitungen und Zigaretten. – newspaper

COMIC

Lesen Sie das Comic.
Machen Sie dann ein Rätsel wie im Comic. – Puzzle

*Ich stehe den ganzen Tag.*
*Ich habe viele Kunden.*
*Ich verkaufe Obst und Gemüse.*

*Du bist Verkäuferin.*

LESEN

VON BERUF KINDERGARTENPÄDAGOGIN

# Liebe plus Zeit

**Luisa, du bist Pädagogin im Kindergarten. Du arbeitest also mit Kindern …**
Moment! Nicht alle Pädagoginnen und Pädagogen arbeiten mit Kindern. Es gibt auch andere, zum Beispiel Pädagoginnen und Pädagogen für Jugendliche. Aber wir arbeiten hier im Kindergarten natürlich mit Kindern.

**Was macht ihr denn da? Erzähl doch einmal!**
Ah, das ist so viel! Wir spielen mit den Kindern, wir singen und tanzen zusammen, wir machen Musik und Sport, wir basteln und malen, wir kochen und essen gemeinsam und so weiter. Und wir schauen bei jedem Kind: Was macht es? Wie geht es ihm? Was kann es schon? Wie lernt es? Spielt es mit den anderen Kindern oder ist es oft allein? Ist es gesund? Gibt es Probleme?

**Warum eigentlich Pädagoginnen? Können die Eltern ihre Kinder denn nicht selbst erziehen?**
Wir wissen alle: Erziehung ist Liebe plus Zeit. Alle Väter und Mütter lieben ihre Kinder. Aber oft arbeiten beide Eltern und dann gibt es ein Problem. Dann haben sie nämlich nur am Abend und am Wochenende wirklich Zeit für ihre Kinder. Und viele Kinder leben nur bei der Mutter oder nur beim Vater. Für diese Eltern ist Kindererziehung besonders schwer. Sie arbeiten ja auch meist den ganzen Tag und sind am Abend müde.

**Aber in manchen Familien bleibt doch ein Elternteil bei den Kindern daheim …**
Ja, das stimmt. Aber der Kindergarten ist für alle Kinder gut. Sie spielen und lernen dort zusammen mit anderen Kindern. Besonders wichtig ist das für Kinder aus Migrantenfamilien: Im Kindergarten lernen sie zum Beispiel schnell Deutsch.

**In deinem Beruf arbeiten fast nur Frauen. Was meinst du dazu?**
Ja, das stimmt leider. In Österreich gibt es mehr als 98 Prozent Frauen und fast keine Männer in diesem Job. Leider verdienen wir nicht sehr viel. Und viele Männer denken auch immer noch: „Kleinkinder erziehen? Nein, das ist nichts für mich!" Ich finde das sehr, sehr schade. Für eine gute Erziehung brauchen wir auch die Männer.

**1** Was macht Luisa mit den Kindern im Kindergarten? Lesen Sie den Text und markieren Sie.

**2** Lesen Sie den Text noch einmal. Was ist richtig? Kreuzen Sie an.

a ☒ Luisa ist Kindergartenpädagogin und arbeitet in einem Kindergarten.
b ○ In dem Kindergarten können die Kinder nicht essen.
c ○ Viele Eltern haben am Wochenende keine Zeit für ihre Kinder.
d ☒ Kinder aus Migrantenfamilien können im Kindergarten schnell Deutsch lernen.
e ○ In Österreich arbeiten sehr viele Männer als Kindergartenpädagogen.

# Ämter und Behörden

## 1 Haben Sie einen Führerschein? Haben Sie ein Auto? Erzählen Sie.

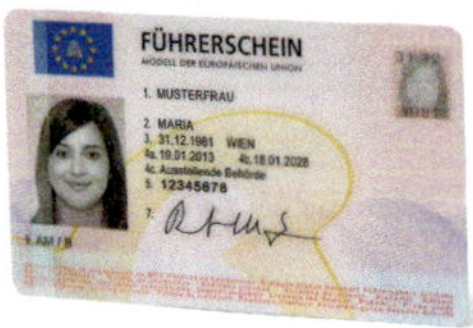


*Ich habe seit fünf Jahren einen Führerschein.*

*Ich brauche kein Auto und ich kann nicht Auto fahren.*

## 2 Schauen Sie die Fotos an. Wo sind Lara und Tim wann? Ordnen Sie die Sätze.

(3) Sie sind am Hauptbahnhof. Sie wollen ein Busticket kaufen.

(1) Sie sind auf einem Amt. Sie wollen wissen: Ist der Führerschein gültig?

(2) Sie sind bei einer Autovermietung. Sie wollen ein Auto mieten.

1 🔊 15–22

## 3 Hören Sie und vergleichen Sie.

2

3

4

7

8

1 🔊 15–22

## 4 Hören Sie noch einmal und korrigieren Sie.

BH = ● die Bezirkshauptmannschaft

~~keinen~~ München Hauptbahnhof zwei sechs zwanzig mieten keinen

a Tim möchte ein Auto mieten und nach ~~Polen~~ fahren. München

b Tim kann mit dem kanadischen Führerschein nur acht Monate in Österreich fahren. sechs

c Tim hat ~~einen~~ internationalen Führerschein. keinen

d Lara kommt aus der EU. Sie braucht ~~einen~~ internationalen Führerschein. keinen

EU = ● die Europäische Union

e Lara möchte ein Auto ~~kaufen~~. mieten

f Aber das Mietauto ist teuer. Lara ist zu jung, sie ist erst 21 Jahre alt. zwanzig

g Sie können den Bus nehmen. Die Fahrt dauert nur neun Stunden. Zwoi

h Lara und Tim kaufen Fahrkarten  beim Hbf – das heißt „~~Hier Bus~~ fahren". Hauptbahnhof

# A Sie **müssen** einen Antrag **ausfüllen**.

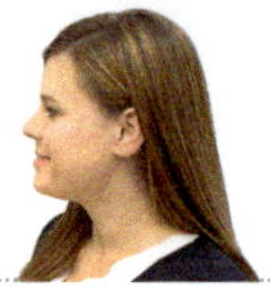

## A1 Tim braucht den österreichischen Führerschein.

**a** Ordnen Sie zu.

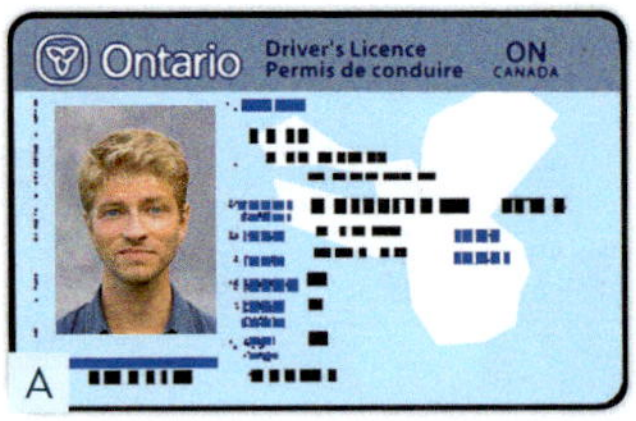


A

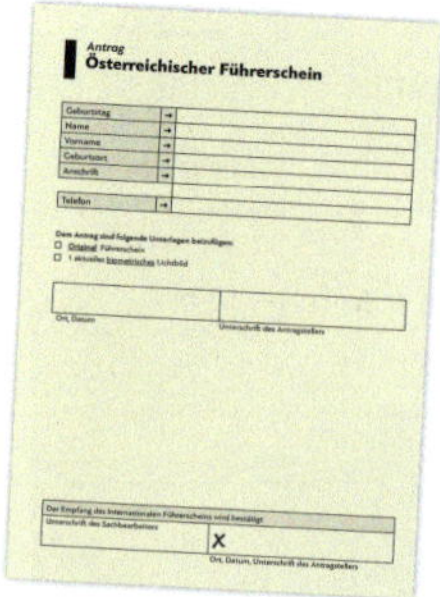


B

C

◯ Er muss einen Antrag ausfüllen.
◯ Er muss seinen kanadischen Führerschein haben.
◯ Er muss den Ausweis, den Führerschein und ein Foto mitbringen.

| müssen | |
|---|---|
| ich | muss |
| du | musst |
| er/es/sie | muss |
| wir | müssen |
| ihr | müsst |
| sie/Sie | müssen |

Er muss einen Antrag ausfüllen.

1 🔊 23 **b** Bei der Führerscheinstelle. Hören Sie und variieren Sie.

◆ Grüß Gott. Ich brauche den internationalen Führerschein. Was muss ich da machen?
○ Sie müssen einen Antrag ausfüllen.

Varianten:

viele Papiere mitbringen
einen Antrag unterschreiben
60,50 Euro bar bezahlen

1 🔊 24 **A2 Eine Fahrkarte kaufen**

**a** Was ist richtig? Hören Sie und kreuzen Sie an.

1 Der Mann versteht ◯ nicht gut Deutsch. ◯ den Automaten nicht.
2 Der Fahrkartenautomat ◯ funktioniert. ◯ funktioniert nicht.
3 Der Mann bekommt ◯ eine ◯ keine Fahrkarte.

**b** Hören Sie noch einmal und ordnen Sie.

◯ bezahlen
◯ Erwachsener/Kind auswählen
◯ das Ziel wählen
◯ die Fahrkarte und das Wechselgeld nehmen
◯ die Fahrkarte entwerten

**c** Sprechen Sie.

*Zuerst muss man ... Danach / Nachher ... und dann ... Dann ... Zum Schluss ...*

| | |
|---|---|
| ich, du, er ... | = spezielle Person |
| man | = alle / jede Person |
| ⚠ man | ≠ Mann |

## A3 Was müssen Sie heute noch machen?

Erzählen Sie.

*Ich muss meine Tochter abholen. Und dann muss ich noch einkaufen.*

# B Schau einmal!

9

## B1 Komm mit!

1 🔊 25 **a** Hören Sie und ordnen Sie zu.

Bring | Geh | ~~schau~~ | Komm | warte

| | | |
|---|---|---|
| du schaust | → | Schau einmal! |
| du kommst mit | → | Komm mit! |

◆ Du, schau einmal! Da vorn ist eine Autovermietung. Da gehen wir jetzt hin und fragen. Komm mit, Tim!

○ Ja, gleich. Geh du voraus! Ich will noch schnell in das Geschäft da. Ich habe so einen Hunger.

◆ Okay. Tim, warte einmal! Bring ein Wasser für mich mit!

**b** Was soll Tim alles machen? Was sagt Lara? Schreiben Sie.

zu Walter fahren und Lili abholen
die Hausübung machen
einen Kaffee mitbringen | leise sein
Lili die Mathematikübung erklären
ein E-Mail an die Lehrerin schreiben

Fahr zu Walter und ...

| | | |
|---|---|---|
| ⚠ du bist ... | → | Sei leise! |
| du fährst | → | Fahr! |

## B2 In der Klasse

1 🔊 26 **a** Was sagt der Lehrer? Hören Sie und kreuzen Sie an.

- ○ Seid bitte nicht so laut!
- ○ Macht bitte die Bücher zu!
- ○ Hört doch bitte zu!
- ○ Steht bitte nicht auf!
- ○ Schaltet doch die Handys aus!
- ○ Macht bitte die Bücher auf!
- ○ Lest bitte den Text!

| |
|---|
| Hört zu! |
| Hört bitte zu! |
| Hört doch (bitte) zu! |

| | | |
|---|---|---|
| ihr hört zu | → | Hört zu! |
| ⚠ ihr seid ... | → | Seid nicht so laut! |

**b** Was sollen die anderen in Ihrem Kurs tun?
Schreiben Sie mit Ihrer Partnerin / Ihrem Partner drei Sätze.

Kommt doch bitte pünktlich!

## B3 In der Sprachschule

Was muss man machen? Lesen Sie und ergänzen Sie die Tabelle.

**Anmeldung zum Sprachunterricht**

Warten Sie bitte im Wartebereich. Bringen Sie bitte Ihren Pass zur Anmeldung mit. Bezahlen Sie die Kursgebühren bei der Kassa im 1. Stock. Seien Sie bitte leise. Die anderen haben Unterricht.

| | | |
|---|---|---|
| Sie warten | → | Warten Sie! |
| Sie bringen ... mit | → | ...! |
| Sie bezahlen | → | ...! |
| ⚠ Sie sind leise | → | ... bitte leise! |

## B4 Regeln einmal anders

Schreiben Sie mit Ihrer Partnerin / Ihrem Partner drei Regeln für die Kursleiterin / den Kursleiter.

Geben Sie keine Hausübung!
Lachen Sie viel!

# C Sie **dürfen** in der EU Auto **fahren**.

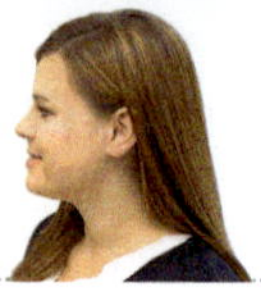

1 🔊 27 **C1 Was ist richtig? Hören Sie und kreuzen Sie an.**

a ☒ Tim ○ Lara darf im Moment nicht in Österreich Auto fahren.
☒ Er ○ Sie hat keinen internationalen Führerschein.
b ○ Tim ☒ Lara muss keinen internationalen Führerschein beantragen.
c ○ Tim ☒ Lara darf in der EU Auto fahren.

Sie dürfen in der EU Auto fahren.

| dürfen | |
|---|---|
| ich | darf |
| du | darfst |
| er/es/sie/man | darf |
| wir | dürfen |
| ihr | dürft |
| sie/Sie | dürfen |

**C2 Spielen Sie Gespräche mit Ihrer Partnerin / Ihrem Partner.**

A

du – das Handy ausschalten – nicht telefonieren

B

ihr – die Zigaretten – ausdämpfen – nicht rauchen

C

du – langsam fahren – nur 100 fahren

D

wir – einen neuen Parkplatz suchen – nicht parken

◆ Achtung! Du musst das Handy ausschalten.
○ Warum denn?
◆ Hier darf man nicht telefonieren.

**C3 Eine Fernbus-Reise: Was ist erlaubt? Was ist verboten? Was meinen Sie?**
Notieren Sie „Ihre“ Regeln und sprechen Sie mit Ihrer Partnerin / Ihrem Partner.

sein Fahrrad mitnehmen | Eis essen | das Gepäck abgeben | Musik hören | eine Fahrkarte kaufen | rauchen | einen Laptop benützen | schlafen | ...

Unsere Regeln

| man darf: | man darf nicht: | man muss: |
|---|---|---|
| sein Fahrrad mitnehmen | Eis essen | das Gepäck abgeben |

◆ Man muss das Gepäck abgeben.
○ Ja. Und man darf im Bus kein Eis essen. Das ist verboten.
◆ Aber man darf sein Fahrrad mitnehmen.

# D Meldezettel



## D1 Was ist richtig? Schauen Sie das Formular an und kreuzen Sie an.

a Sinaida Ulasova kommt aus ○ Österreich. ☒ Belarus.
b Sie wohnt jetzt ☒ in Graz. ○ in Wien.

| | | | | | | |
|---|---|---|---|---|---|---|
| FAMILIENNAME oder NACHNAME, AKAD. GRAD<br>Ulasova | | VORNAME<br>Sinaida | | | | |
| GEBURTSDATUM<br>29.1.1978 | GESCHLECHT<br>☐ männlich ☒ weiblich | RELIGIONSBEKENNTNIS<br>russ.-orth. | | | | |
| GEBURTSORT lt. Reisedokument; Bundesland (Inland) und Staat (Ausland)<br>Minsk, Belarus | | PERSONENSTAND<br>☐ ledig ☒ verheiratet ☐ eingetragene Partnerschaft<br>☐ geschieden ☐ verwitwet | | | | |
| STAATSANGEHÖRIGKEIT Österreich ☐ anderer Staat ☒ > Name des Staates: Belarus | | | | | | |
| ANMELDUNG der Unterkunft in .... | Straße<br>Engelgasse | Haus Nr.<br>82 | Tür Nr.<br>12 | Postleitzahl<br>8010 | Ort<br>Graz | |
| ABMELDUNG der Unterkunft in .... | Straße<br>Enzingergasse | Haus Nr.<br>17 | Tür Nr.<br>9 | Postleitzahl<br>1070 | Ort<br>Wien | |

## D2 Auf dem Amt: Darf ich Sie etwas fragen?

1 28

a Welche Wörter kennt Frau Ulasova nicht? Hören Sie das Gespräch und markieren Sie.

der Personenstand · das Religionsbekenntnis · das Geschlecht · die Staatsangehörigkeit · die Abmeldung · männlich · weiblich · der akademische Grad · das Geburtsdatum

b Was sagt Frau Ulasova? Hören Sie das Gespräch noch einmal und markieren Sie.

Darf ich Sie etwas fragen? · Was bedeutet denn „Abmeldung der Unterkunft"? · Können Sie das bitte wiederholen? · Was heißt „Geschlecht"? · Jetzt habe ich nur noch eine Frage. · Können Sie das bitte erklären? · Ich habe leider nicht alles verstanden. · Noch einmal, bitte.

## D3 In der Sprachschule

Spielen Sie ein Gespräch mit Ihrer Partnerin / Ihrem Partner.

| Partner A | Partner B |
|---|---|
| Sie möchten einen Kurs besuchen und müssen eine Anmeldung ausfüllen. Sie verstehen viele Wörter nicht (Familienname, Vorname, Wohnort ...) Bitten Sie um Hilfe. | Sie sind Sekretärin/Sekretär. Helfen Sie bei der Anmeldung. Erklären Sie schwierige Wörter: Familienname, Wohnort ... |

*Darf ich Sie etwas fragen?*
*Können Sie mir helfen?*
*Helfen Sie mir?*
*Ich brauche eine Auskunft.*
*Ich verstehe ... nicht.*
*Das habe ich nicht verstanden. Ich kann noch nicht so gut Deutsch.*

*Was heißt/bedeutet das?*
*Was heißt ...?*
*Können Sie das bitte erklären?*
*Können Sie das bitte wiederholen?*
*Wie bitte?*
*Noch einmal, bitte.*

Repeat

| | |
|---|---|
| ich | helfe |
| du | hilfst |
| er/es/sie | hilft |

# E Einreise nach Österreich

**E1 Lesen Sie den Text und kreuzen Sie an: Was ist richtig?**

**a** Lesen Sie Abschnitt 1.

1 ☒ Lalita möchte Eva besuchen.

2 ☒ Sie hat eine Einreiseerlaubnis und darf drei Monate bei Eva bleiben.

**b** Lesen Sie Abschnitt 2.

1 ○ Lalita braucht eine Verpflichtungserklärung.

2 ☒ Lalita muss unterschreiben: Ich habe genug Geld für eine Wohnung und Essen.

**c** Lesen Sie Abschnitt 3.

1 ○ Ein Einkommensnachweis ist ein Dokument. Damit kann man zeigen: Man hat eine Firma.

2 ☒ Eva muss bei der Landespolizeidirektion einen Einkommensnachweis und ihren Ausweis herzeigen.

**d** Lesen Sie Abschnitt 4.

1 ☒ Lalita braucht für ihre Reise auch eine Krankenversicherung.

2 ○ Sie bekommt die Krankenversicherung nur in Indien.

**e** Lesen Sie Abschnitt 5.

1 ○ Lalita bekommt leider kein Visum.

2 ☒ Sie bringt alle Dokumente zur Botschaft.

## Möchtest du im Sommer nach Österreich kommen?

1 

Eva wohnt in Wien. Bei ihrem Urlaub im Sommer in Indien lernt sie Lalita kennen. Lalita wohnt in Neu-Delhi. Eva lädt Lalita im Winter nach Österreich ein.

Lalita darf nicht einfach nach Österreich fahren. Zuerst muss sie zur Österreichischen Botschaft in Neu-Delhi gehen. Sie braucht ein Besuchervisum. Das ist eine Einreiseerlaubnis. Damit kann Lalita für maximal 90 Tage nach Österreich kommen.

2 ÖSTERREICHISCHE BOTSCHAFT, NEU-DELHI

LALITA: Mein Name ist Lalita Sharma. Ich möchte meine Freundin Eva Reiter in Wien besuchen und brauche ein Besuchervisum.

MITARBEITER: Aha. Haben Sie denn eine „Verpflichtungserklärung" von Frau Reiter?

LALITA: Eine „Verpflichtungserklärung"? Hm, dieses Wort verstehe ich nicht. Können Sie das erklären?

Lalita hat nicht viel Geld und braucht eine schriftliche Verpflichtungserklärung für ausländische Besucher von Eva. Eva muss unterschreiben: Ich bezahle alles, was Lalita in Österreich zum Leben braucht (Wohnung, Essen, ...).

Homework

3 **EVA RUFT BEI DER POLIZEIBEHÖRDE AN.**

**EVA:** Grüß Gott. Mein Name ist Eva Reiter. Eine Freundin aus Indien möchte mich besuchen. Für das Besuchervisum braucht sie meine Verpflichtungserklärung. Kann ich die telefonisch anfordern?

**BEAMTER:** Nein, Sie müssen in die Landespolizeidirektion kommen. Sie müssen ein Formular ausfüllen und Ihren Ausweis, Ihren Meldezettel, Ihren Mietvertrag und einen „Einkommensnachweis" mitbringen.

Eva muss zur Landespolizeidirektion gehen und dort viele Dokumente, wie zum Beispiel einen Einkommensnachweis herzeigen. Die Behörde möchte wissen: Verdient Eva Geld? Kann sie für Lalita bezahlen? Den Einkommensnachweis bekommt Eva in ihrer Firma.

4 **LANDESPOLIZEIDIREKTION, WIEN**

**BEAMTIN:** So, bitte. Da ist Ihre Verpflichtungserklärung.

**EVA:** Vielen Dank. Hoffentlich hat Lalita jetzt alles für ihr Besuchervisum.

**BEAMTIN:** Ich denke schon. Eine Krankenversicherung für die Reise hat sie ja, oder?

Ohne Reisekrankenversicherung bekommt Lalita kein Visum. Die Reisekranken-versicherung zahlt, wenn Lalita auf der Reise krank wird. Zum Glück kann Eva so eine Versicherung für Lalita auch in Österreich bekommen.

5 **ÖSTERREICHISCHE BOTSCHAFT, NEU-DELHI**

**LALITA:** Hier ist mein Reisepass und hier sind die Verpflichtungserklärung von Frau Reiter und meine Krankenversicherung. Bekomme ich jetzt mein Besuchervisum für Österreich?

**MITARBEITER:** Ja, natürlich bekommen Sie jetzt Ihr Visum.

## E2 Ergänzen Sie *müssen* oder *dürfen*.

Lalita darf nicht einfach zu Eva reisen. Sie muss zuerst ein Visum haben.
Für das Visum darf Eva eine Verpflichtungserklärung unterschreiben.
Zur österreichischen Botschaft muss Lalita viele Dokumente mitbringen.
Mit dem Besuchervisum darf Lalita für maximal 90 Tage nach Österreich kommen.

## Grammatik

### 1 Modalverben: *müssen* und *dürfen* ÜG 5.11

| | müssen | dürfen |
|---|---|---|
| ich | **muss** | **darf** |
| du | musst | darfst |
| er/es/sie/man | **muss** | **darf** |
| wir | müssen | dürfen |
| ihr | müsst | dürft |
| sie/Sie | müssen | dürfen |

Hier darf man nicht essen.

Hier darf man rauchen.

Hier muss man leise sein.

### 2 Modalverben im Satz ÜG 10.02

| | Position 2 | | Ende |
|---|---|---|---|
| Er | muss | einen Antrag | ausfüllen. |
| Sie | dürfen | in der EU Auto | fahren. |

Daheim: Wer muss was machen? Wer darf was? Schreiben Sie vier Sätze.

Mein Mann muss immer das Bad putzen.
…

### 3 Pronomen: *man* ÜG 3.01

Zuerst muss man das Ziel wählen.
= Zuerst müssen alle das Ziel wählen.

### 4 Imperativ ÜG 5.19

| | | ⚠ | ⚠ |
|---|---|---|---|
| (du) | Komm mit!<br>Schau einmal! | Fahr langsam! | Sei leise! |
| (ihr) | Hört zu! | | Seid leise! |
| (Sie) | Warten Sie bitte! | | Seien Sie leise! |

Merke:
☹ So ist es nicht sehr freundlich:
Komm!

☺ So ist es freundlich:
Komm bitte!
Komm doch bitte!

### 5 Verb: Konjugation ÜG 5.01

| | helfen |
|---|---|
| ich | helfe |
| du | hilfst |
| er/es/sie | hilft |
| wir | helfen |
| ihr | helft |
| sie/Sie | helfen |

~~du~~ hilf~~st~~ ⇒ Hilf!
~~ihr~~ helft ⇒ Helft!

⚠ du schläfst ⇒ Schlaf!

Sie schauen
Schauen Sie!

## Kommunikation

**NACHFRAGEN:** Wie bitte?

*Darf ich Sie etwas fragen?*
*Können Sie mir helfen?*
*Helfen Sie mir?*
*Ich brauche eine Auskunft.*
*Ich verstehe ... nicht.*
*Das habe ich nicht verstanden. Ich kann noch nicht so gut Deutsch.*
*Was heißt/bedeutet das?*
*Was heißt ...?*
*Können Sie das bitte erklären?*
*Können Sie das bitte wiederholen?*
*Wie bitte?*
*Noch einmal, bitte.*

**EINE AUSSAGE GLIEDERN:** Zuerst ...

*Zuerst muss man ...*
*Danach/Nachher ... und dann ...*
*Dann ...*
*Zum Schluss ...*

Was haben Sie heute im Deutschkurs gemacht? Schreiben Sie.

Zuerst ...
Dann ...
Danach/Nachher ...
Zum Schluss ...

## Lernziele

Ich kann jetzt ...

A ... sagen: Das muss ich machen: *Ich muss den Antrag ausfüllen.* ☺ 😐 ☹
B ... Aufforderungen verstehen und Anweisungen geben: *Bring bitte ein Wasser für mich mit.* ☺ 😐 ☹
C ... sagen: Das ist erlaubt und verboten: *Sie dürfen in der EU Auto fahren.* ☺ 😐 ☹
D ... um Erklärung bitten: *Entschuldigung, was bedeutet ...?* ☺ 😐 ☹
E ... Informationen zu Einreisedokumenten verstehen ☺ 😐 ☹

Ich kenne jetzt ...

**5 Wörter zum Thema *Amt*:**
der Ausweis, ...

**5 Wörter zu einem Meldeformular:**
das Geschlecht, männlich, ...

COMIC

## Der kleine Mann: Lachen Sie!

Geben Sie Ihrer Partnerin / Ihrem Partner drei Anweisungen. Sie/Er führt die Anweisungen aus. Tauschen Sie dann die Rollen.

• ein Wort schreiben | • ein Lied singen | aufstehen | pfeifen  | • ein Bild malen | ...

HÖREN

## Sie müssen einen Fragebogen ausfüllen

**1** Beim AMS: Lesen Sie und ordnen Sie das Gespräch.

• das AMS = • das Arbeitsmarktservice

- (8) Was für ein Fragebogen ist das?
- ◯ Als Programmierer.
- ◯ Auf Wiederschauen.
- ◯ Ja. Dort bekommen Sie weitere Informationen.
- (1) Grüß Gott, bitteschön.
- (3) Woher kommen Sie, Herr Fuertes?
- ◯ Mit dem Formular müssen Sie dann ins Zimmer 312 gehen.
- ◯ Und als was haben Sie in El Salvador gearbeitet?
- ◯ Aha, als Programmierer. Dann müssen Sie jetzt bitte diesen Fragebogen ausfüllen.
- ◯ Grüß Gott, ich bin Marcelo Fuertes. Ich suche eine Arbeit.
- ◯ Dankeschön. Auf Wiedersehen!
- ◯ Er gibt uns Informationen über Ihre Kenntnisse, zum Beispiel welche Computerprogramme Sie kennen.
- ◯ Was muss ich sonst noch tun?
- ◯ Zimmer 312?
- ◯ Aus El Salvador.

1 🔊 29 **2** Hören Sie jetzt das Gespräch und vergleichen Sie.

LESEN

## Viel „müssen“ – wenig „dürfen“

Wie ist das bei Ihnen? Müssen Sie auch so viel und dürfen Sie auch so wenig? Ich muss von Montag bis Freitag jeden Morgen um sechs Uhr aufstehen. Ich muss schnell frühstücken. Dann muss ich zuerst mit dem Bus um Viertel vor sieben fahren und danach mit dem Zug um sieben Uhr zehn.
Um halb acht muss ich im Büro sein. Dort muss ich bis zwölf Uhr arbeiten. Dann darf ich eine halbe Stunde Mittagspause machen. Von halb eins bis vier muss ich wieder arbeiten. Dann muss ich den Zug um fünf nach vier nehmen und danach den Bus um fünf vor halb fünf. Beim Heimgehen muss ich noch schnell einkaufen, dann muss ich kochen und die Wohnung ein bisschen sauber machen. Um acht Uhr darf ich endlich entspannen.
Um elf Uhr muss ich dann aber schon wieder ins Bett gehen. Ich muss einfach meine sieben Stunden Schlaf haben. Na, zum Glück gibt es die Wochenenden. Da muss ich nicht so viel und darf viel mehr. Zum Beispiel richtig ausschlafen. Juhu!

1 Lesen Sie den Text und ergänzen Sie den Terminkalender von Jasmin.

| Uhrzeit: | Das mache ich: |
|---|---|
| 06:00 Uhr | aufstehen und frühstücken |
| 06:45 Uhr | Bus |
| 07:10 Uhr | |
| 07:30 | Büro |
| 07:30 - 12:00 Uhr | |
| 12:00 - 12:30 Uhr | |
| | Arbeitsende |
| 16:05 Uhr | |
| | Bus |
| | entspannen |
| 23:00 Uhr | |

2 Ihr Tag: Was müssen Sie machen? Was dürfen Sie machen?

a Machen Sie Notizen und schreiben Sie einen Text über sich.

6:00 aufstehen
6:30 Frühstück für die Kinder machen
7:30 die Kinder in die Schule bringen
...

Ich muss um sechs aufstehen. Um halb sieben muss ich Frühstück für die Kinder machen und um halb acht muss ich sie in die Schule bringen. ...

b Lesen Sie Ihrer Partnerin / Ihrem Partner Ihren Text vor. Sie/Er stellt Fragen.

Gehen deine Kinder nicht allein in die Schule?

# Gesundheit und Krankheit

**Folge 10:** Unsere Augen sind so blau.

**1 Schauen Sie die Fotos an und zeigen Sie.**

• der Klub • die Ambulanz • der Arzt • der Wartebereich • die Schmerztablette

1 🔊 30–37

**2 Was meinen Sie? Wer sagt was? Verbinden Sie.**
Hören Sie dann und vergleichen Sie.

a Mein Auge  tut weh!
b Meine Freundin hatte einen Unfall.
c Der Doktor kommt gleich.
d Na, wo haben Sie denn Schmerzen?
e Wir gehen zum Arzt.
f Ich soll das Auge kühlen. 

Lara
Laras Freundin Ioanna
der Arzt
die Mitarbeiterin

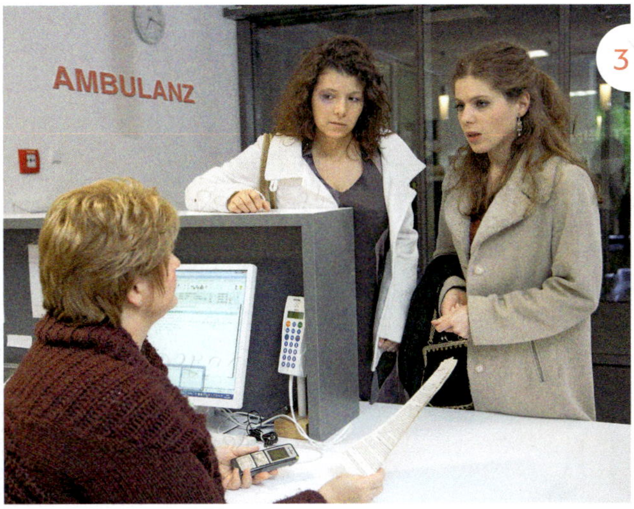


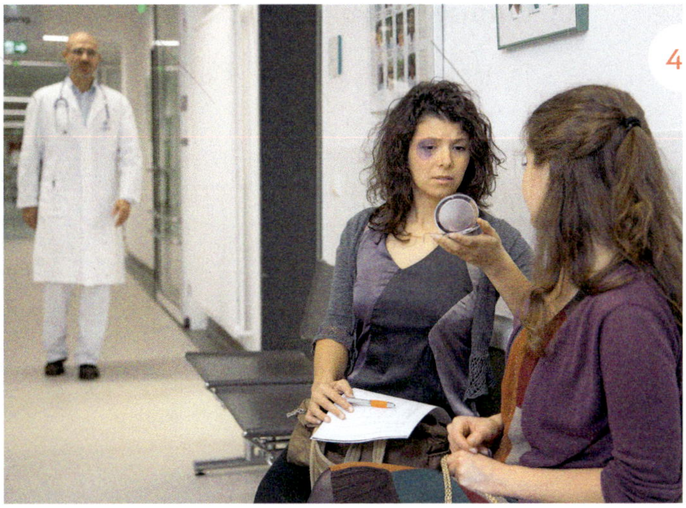

1 ◀)) 30–37 **3 Hören Sie noch einmal. Ordnen Sie die Sätze.**

- (3) Die Mädchen gehen ins Krankenhaus.
- (1) Ioanna und Lara haben im Klub getanzt.
- (2) Ioanna hat einen Unfall. Das Auge ist blau. Sie hat Schmerzen.
- (5) Der Arzt sagt: Es ist nicht schlimm.
- (4) Ioanna füllt ein Formular aus.
- (7) Lara hat auch ein blaues Auge.
- (6) Der Arzt gibt Ioanna Schmerztabletten.
- (8) Die beiden Mädchen sind lustig und singen „Unsere Augen sind so blau“.

● das Krankenhaus = ● das Spital

**4 Wie finden Sie Laras Idee? Sprechen Sie.**

*Das finde ich …*

# A Ihr Auge tut weh.

## A1 Ordnen Sie zu.

~~das Bein~~ · ~~das Ohr~~ · ~~der Arm~~ · ~~der Finger~~ · ~~der Kopf~~ · ~~die Nase~~ · ~~der Mund~~

- das Auge
- die Nase
- der Mund
- die Brust
- der Bauch
- das Bein
- der Fuß
- die Haare
- der Kopf
- das Ohr
- der Hals
- der Rücken
- der Finger
- die Hand
- der Arm

## A2 Gute Besserung!

Was tut weh? Markieren Sie und ergänzen Sie die Tabelle.

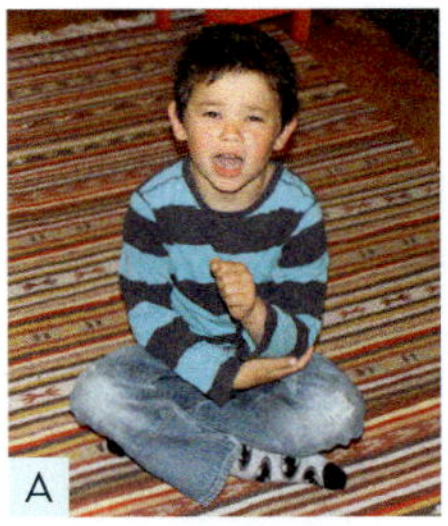

A

Simon

Seine Hand tut weh.
Und sein Bein auch.

B

Sofia

Ihre Ohren tun weh.
Ihr Kopf auch.

| | |
|---|---|
| sein Kopf | Ihr Kopf |
| Sein Bein | ihr Bein |
| seine Hand | ihre Hand |
| seine Ohren | Ihre Ohren |

| | | |
|---|---|---|
| Simon | seine | Hand |
| Sofia | ihre | Ohren |

## A3 Was tut den Personen weh? Ergänzen Sie.

A 

sein Hals

B 

sein Rücken

C 

Seine Ohren

D 

Seine Hand

E 

Sein Bein

## A4 Monsterspiel: Zeichnen Sie ein Monster und beschreiben Sie.

Ihre Partnerin / Ihr Partner zeichnet mit. Vergleichen Sie Ihre Zeichnungen.

*Mein Monster heißt Irene. Ihr Kopf ist sehr schmal. Ihre Haare sind kurz, ihre Augen sind sehr groß. ...*

Irene

Hans

*Mein Monster heißt Hans. Seine Zähne ...*

# B Unsere Augen sind so blau.

## B1 E-Mail

**a** Lesen Sie das E-Mail von Ioanna. Was ist richtig? Kreuzen Sie an.

1 ☒ Sie will „danke" sagen.
2 ○ Carlos ist krank.
3 ☒ Sie informiert Lara: Sie haben morgen keinen Unterricht.

E-Mail senden

Liebe Lara,
das ist jetzt unser Lied: „Unsere Augen sind so blau"! Lara, Du bist spitze! Vielen Dank für alles! Unser Abend war super! Du, Carlos hat geschrieben: Frau Blaickner, unsere Lehrerin, ist krank. Das heißt, unser Unterricht fällt morgen aus.
Bis Donnerstag, Deine Ioanna

**b** Markieren Sie. Ergänzen Sie dann die Tabelle rechts.

our

| | | |
|---|---|---|
| wir | • Unser | Abend |
| | • unser | Lied |
| | • Unsere | Lehrerin |
| | • Unsere | Augen |

## B2 Nachrichten

**a** Lesen Sie die Nachrichten.
Wer schreibt was? Ordnen Sie zu.

| Nachricht | 1 | 2 | 3 |
|---|---|---|---|
| schreibt | E | F | K |

eine Kollegin (K) eine Freundin (F) ~~die Ehefrau (E)~~

1 Senden
Oje, jetzt sind Julia und Theo beide krank. Ihre Ohren tun sehr weh. Wir gehen jetzt zum Kinderarzt. Kannst du einkaufen gehen, Schatzi? Bussis von Maria

2 Senden
Und eure Mutter? Ist sie wieder gesund? Hoffentlich! Könnt ihr dann zu uns zum Essen kommen? Alle Freunde und Bekannten kommen! Ihr auch, oder? Anna

3 Senden
Wie war euer Termin mit Frau Pfeiffer? Ich komme morgen wieder ins Büro. Bin wieder gesund. Heike

**b** Markieren Sie *euer/eure* und *ihre* in a und ergänzen Sie die Tabellen.

| | | |
|---|---|---|
| ihr | • euer | Termin |
| | • euer | Lied |
| | • eure | Mutter |
| | • eure | Ohren |

your

| | | |
|---|---|---|
| sie | • ihr | Termin |
| | • ihr | Lied |
| | • ihre | Mutter |
| | • Ihre | Ohren |

her

## B3 Im Kurs: Nachrichten

Schreiben Sie Nachrichten an Ihre Partnerin / Ihren Partner.
Verwenden Sie *unser/unsere – euer/eure – ihr/ihre*.

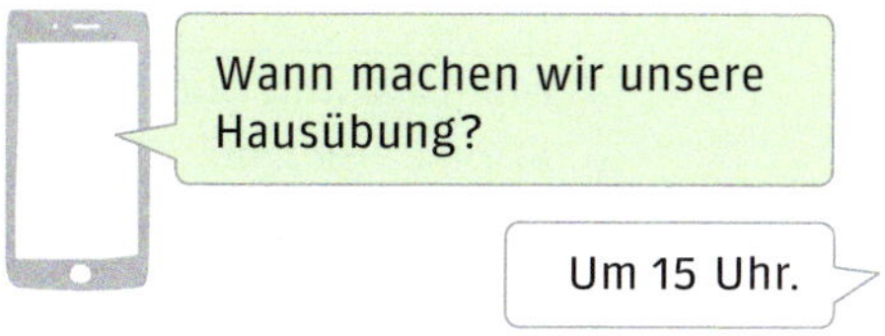

# C Ich **soll** Schmerztabletten **nehmen**.

## C1 Was sagt Ioanna? Schreiben Sie.

*Nehmen Sie Schmerztabletten.*

A

B

*Der Doktor sagt, ich soll Schmerztabletten nehmen.*

~~Schmerztabletten nehmen~~
das Auge kühlen
gleich ins Bett gehen
ein paar Schritte gehen
bei Problemen wieder ins Krankenhaus kommen

Ich soll Schmerztabletten nehmen.
Ich soll ...

Nehmen Sie Schmerztabletten.
Der Doktor sagt: Ich soll Schmerztabletten nehmen.

1 38 **C2 Hören Sie und variieren Sie.**

- ◆ Muss ich wirklich die Medizin nehmen?
- ○ Ja, natürlich. Der Arzt hat doch gesagt, Sie sollen zwei Tabletten nehmen! viel Tee trinken
- ◆ Was? Ich soll zwei Tabletten nehmen? viel Tee trinken
- ○ Genau!

| sollen | |
|---|---|
| ich | soll |
| du | sollst |
| er/es/sie | soll |
| wir | sollen |
| ihr | sollt |
| sie/Sie | sollen |

Varianten:

alles trinken – viel Tee trinken | im Bett bleiben – nicht aufstehen | ruhig sein – nicht so viel sprechen

1 39–41 **C3 In der Apotheke: Hören Sie die Gespräche.**

**a** Wer hat welches Problem? Kundin 1 (= 1), Kunde 2 (= 2), oder Kundin 3 (= 3)? Ergänzen Sie.

(3) Sonnenbrand  und Fieber 

(1) müde (2) Tochter hat Husten 

**b** Hören Sie noch einmal. Wer soll was machen? Ergänzen Sie.

(1) viel spazieren gehen (2) zum Arzt gehen (2) Miriam Saft geben 

(1) Tabletten nehmen (3) eine Salbe verwenden 

**c** Sprechen Sie. *Kundin 1 soll viel spazieren gehen.*

● die Kopfschmerzen = ● das Kopfweh

**C4 Im Kurs: Geben Sie Gesundheitstipps.**

Meine Freundin / Mein Bruder / Mein ...

*Mein Freund hat Kopfschmerzen. Was kann man da tun?*

*Oje! Er soll viel trinken. Das hilft sicher!*

| | |
|---|---|
| Bauchschmerzen | viel trinken |
| Fieber | spazieren gehen |
| Halsschmerzen | am Abend nicht so |
| kann nicht schlafen | viel Computer spielen |
| Kopfschmerzen | viel schlafen sleep |
| Schnupfen | am Abend keinen Kaffee trinken |

## D1 Eine Krankmeldung

1 🔊 42

**a** Hören Sie das Gespräch. Was ist richtig? Kreuzen Sie an.

1 ○ Hakim ruft Gabi an.
2 ○ Gabi ist krank. Sie kann nicht in die Firma kommen.
3 ○ Hakim hat auch Halsschmerzen.
4 ○ Gabi kann bis Freitag nicht arbeiten.

**b** Hören Sie noch einmal und schauen Sie die Krankmeldung an.

Wann ist das Gespräch? Am Montag, Mittwoch oder Freitag?

| Familienname, Vorname(n): Pospischil, Gabriele | Versicherungsträger: WGKK |
|---|---|
| Krankenstandsadresse: Hustergasse 45, 1140 Wien | Versicherungsnummer: 9231290274 |
| Arbeitsunfähig von: 23. 5. | bis: 27. 5. |
| Unterschrift und Stempel der Ärztin/des Arztes | |

## D2 Lesen Sie den Brief und ordnen Sie zu.

(6) • der Betreff = Inhalt (reference)
(1) • der Absender (sender)
(5) • die Postleitzahl
(4) • die Hausnummer
(7) • der Ort
(3) • die Straße
(2) • der Empfänger (receiver)
(10) • der Gruß
(9) • die Anrede (salutation)
(8) • das Datum
(11) • die Unterschrift (signature)

1 Gabriele Pospischil
3 Hustergasse 45 4
5 1140 Wien

Kaindlinger GmbH
Frau Tamara Hütter
Personalstelle
Tendlergasse 10
1090 Wien 2

6 **Krankmeldung** 7 Wien, 23. Mai 20.. 8

9 Sehr geehrte Frau Hütter,

leider kann ich bis Freitag nicht ins Büro kommen. Anbei finden Sie die Krankmeldung. Informieren Sie bitte auch Herrn Kaindlinger.

10 Mit freundlichen Grüßen
11 *Gabriele Pospischil*

## D3 Brief und E-Mail

Schreiben Sie.

**A**

Schreiben Sie ein E-Mail oder einen Brief an Ihre Firma. Ihr Kind ist krank. Sie können nicht in die Arbeit kommen. Sie schicken die Krankmeldung per Post oder per E-Mail.

**B**

Schreiben Sie ein E-Mail an eine Person in Ihrem Deutschkurs: Sie sind krank. Sie können nicht in den Deutschkurs kommen. Sie brauchen die Arbeitsblätter. Die Person soll sie mitbringen.

**SCHON FERTIG?** Schreiben Sie das Gespräch zu B zwischen Ihrer Mitschülerin / Ihrem Mitschüler und der Lehrerin / dem Lehrer.

# E Anruf beim Arzt / Notruf

1 43 **E1 Hören Sie das Gespräch. Was ist richtig? Kreuzen Sie an.**

a Wo ruft der Mann an?
- ☒ in der Ordination
- ○ in der Apotheke
- ○ im Spital

b Was möchte der Mann?
- ○ eine Krankmeldung bekommen
- ☒ einen Termin bekommen
- ○ sich informieren

Dr. med. Karl Hellmann
Facharzt für Orthopädie
Sprechstunde:
**Mo, Di, Do, Fr**
9.00–11.00 Uhr
**Mo, Di, Do**
14.00–16.30 Uhr
Nach Vereinbarung:
Tel. 74 1210

1 43 **E2 Hören Sie noch einmal und ordnen Sie zu.**

heute | sofort | ~~Gleich~~ | gleich

◆ Ordination Doktor Hellmann, grüß Gott.

○ Grüß Gott, da spricht Reitinger. Könnte ich bitte einen Termin haben?

◆ Wann haben Sie denn Zeit? Morgen haben wir am Nachmittag einen Termin frei! Und übermorgen am Vormittag.

○ Ich möchte bitte heute kommen. Es ist dringend!

◆ Ach so, es ist ein Notfall.

○ Ja, ich hatte einen kleinen Unfall.

◆ Wann können Sie denn kommen?

○ Gleich! Ich wohne ganz in der Nähe.

◆ Dann kommen Sie doch in 20 Minuten.

○ Sehr gut. Dann komme ich sofort vorbei.

◆ Ist gut. Bis später. Und bringen Sie bitte Ihre E-Card mit!

○ Das mache ich. Vielen Dank. Bis gleich.

**E3 Termin beim Arzt: Spielen Sie Telefongespräche mit Ihrer Partnerin / Ihrem Partner.**

1
**Partner A**
Sie brauchen sofort ein Rezept.

**Partner B**
Sie sind der Hausarzt. Das Wartezimmer ist voll. Man muss lange warten.

2
**Partner A**
Sie haben starke Zahnschmerzen.

**Partner B**
Sie arbeiten als Ordinationshilfe. Es gibt erst morgen Vormittag einen freien Termin.

**E4 Lesen Sie die Situationen und den Text rechts. Was sollen Sie tun? Verbinden Sie.**

a Im Büro liegt jemand auf dem Boden. Sie sprechen ihn an. Er antwortet nicht.

b Sie haben Besuch. Es ist 2 Uhr morgens. Ihr Besuch hat 40 Grad Fieber.

c Es ist Sonntag. Sie haben starke Halsschmerzen. Die Apotheke hat zu.

Die Adresse der Notdienst-Apotheke im Internet suchen.

Die Rettung mit der Nummer 144 anrufen.

Einen ärztlichen Notdienst rufen oder in die Ambulanz im Krankenhaus gehen.

## HILFE HOLEN – Tipps für den Notfall

**Es gibt einen Notfall, ein Mensch ist plötzlich sehr krank oder ein Unfall ist passiert. Jede Minute ist wichtig.**

→ Mit der Notrufnummer 144 können Sie die Rettung rufen.

**Sie brauchen dringend ein Medikament, aber die Apotheken haben geschlossen.**

→ Es gibt einen Apotheken-Notdienst. Apotheken haben an ihrem Notdienst-Tag meistens vom Morgen bis zum nächsten Morgen geöffnet.

**Sie brauchen dringend einen Arzt oder Zahnarzt, aber die normalen Ordinationen haben geschlossen. Das können Sie jetzt tun:**

→ Rufen Sie den ärztlichen Notdienst. Dann kommt ein Arzt zu Ihnen oder Sie bekommen eine Adresse und können dort hingehen. Es gibt auch einen zahnärztlichen Notdienst.

→ Gehen Sie zu einer Ordination mit ärztlichem Bereitschaftsdienst. Dort können Sie auch am Abend, am Wochenende und an Feiertagen Hilfe bekommen.

→ Gehen Sie in ein Krankenhaus. Die meisten Krankenhäuser haben eine Ambulanz. Diese ist Tag und Nacht geöffnet.

### Wo finde ich Telefonnummern, Adressen und andere aktuelle Informationen?

→ Die Rettung können Sie in Österreich unter der Nummer 144 immer kostenlos erreichen.

→ Alle anderen Informationen sind nicht an jedem Ort oder an jedem Tag gleich. Die aktuellen Informationen finden Sie in der Zeitung oder im Internet. Benützen Sie bei der Suche im Internet die roten Wörter.

→ Informationen über den Apotheken-Notdienst finden Sie auch bei der nächsten Apotheke.

### E5 Anruf bei der Rettung

**a** Schauen Sie das Bild an und lesen Sie das Telefongespräch. Ordnen Sie zu.

Knie ~~Unfall~~ Rettung Person verletzt

Wo? ○ Grüß Gott, ich bin da am Hauptplatz.
▲ Aha. Und was ist passiert?
Was? ○ Ein Unfall mit einem Motorrad.
▲ Ist jemand ……………………?
Wie viele? ○ Ja, ein Mann. Sonst keiner.
▲ Aha. Eine …………………….
Und was ist mit dem Mann?
Welche Verletzung? ○ Er sagt: Sein …………………… tut sehr weh.
▲ Wie ist Ihr Name, bitte?
Wer? ○ Müller. Hermine Müller.
▲ Gut, Frau Müller. Die …………………… ist in ein paar Minuten am Unfallort. Bitte bleiben Sie bei dem Verletzten.

1 🔊 44 **b** Hören Sie und vergleichen Sie.

## Grammatik

### 1 Possessivartikel ÜG 2.04

| | Nominativ | | | | Akkusativ |
|---|---|---|---|---|---|
| | Singular | | | Plural | Singular maskulin ⚠ |
| ich | • mein Termin | • mein Lied | • meine Mutter | • meine Ohren | • meinen Termin |
| du | dein | dein | deine | deine | deinen |
| er/es | sein | sein | seine | seine | seinen |
| sie | ihr | ihr | ihre | ihre | ihren |
| wir | unser | unser | unsere | unsere | unseren |
| ihr | euer | euer | ⚠ eure | ⚠ eure | ⚠ euren |
| sie | ihr | ihr | ihre | ihre | ihren |
| Sie | Ihr | Ihr | Ihre | Ihre | Ihren |

Simon seine Hand
Sofia ihre Ohren

⚠ eu~~e~~re

### 2 Modalverb: *sollen* ÜG 5.12

| | sollen (should) |
|---|---|
| ich | soll |
| du | sollst |
| er/es/sie | soll |
| wir | sollen |
| ihr | sollt |
| sie/Sie | sollen |

Was sollen Peter und Jana tun? Ergänzen Sie.

Peter ist müde. Er soll schnell einen Kaffee trinken.
Jana ist auch müde. Sie soll das Fenster öffnen.
Peter und Jana haben Hunger. Sie sollen essen.

### 3 Modalverb im Satz ÜG 10.02

| | Position 2 | | Ende (remain) |
|---|---|---|---|
| Sie | sollen | daheim | bleiben. |

## Kommunikation

**ÜBER DAS BEFINDEN SPRECHEN:** Mein Auge tut weh!

*Mein Auge / Meine ... tut/tun weh.*
*Es ist nicht schlimm.*
*Sie hat Schmerzen.*
*Gabi ist krank.*
*Sie hat Halsschmerzen.*
*Ich habe Fieber.*
*Meine Tochter hat Husten/Schnupfen.*

Was sagt der Mann? Schreiben Sie.

Mein ...
tut weh.
Ich habe ...

**ANWEISUNGEN GEBEN:** Gehen Sie zum Arzt.

*Kühlen Sie das Auge. | Gehen Sie gleich ins Bett.*

*Der Doktor sagt, ich soll Schmerztabletten nehmen.*
*Sie soll viel spazieren gehen. | Er soll viel trinken. | Das hilft sicher.*

*Rufen Sie den ärztlichen Notdienst.*
*Gehen Sie zu einer Ordination mit ärztlichem Bereitschaftsdienst / in ein Krankenhaus.*

**EINE KRANKMELDUNG:** Leider kann ich nicht kommen.

*Leider kann ich heute / bis ... nicht in die Firma / in den Deutschkurs/... kommen. | Anbei finden Sie die Krankmeldung.*
*Informieren Sie bitte auch Frau/Herrn ...*

**EINEN TERMIN VEREINBAREN:** Könnte ich bitte einen Termin haben?

| | |
|---|---|
| *Könnte ich bitte einen Termin haben?* | *Wann haben Sie denn Zeit? Morgen haben wir einen Termin frei.* |
| *Ich möchte bitte heute kommen. Es ist dringend!* | *Wann können Sie denn kommen? Kommen Sie doch in 20 Minuten.* |

**EINEN NOTFALL MELDEN:** Ein Unfall mit einem Motorrad.

| | |
|---|---|
| *Wo sind Sie?* | *Ich bin da am Hauptplatz/in der ...straße.* |
| *Was ist passiert?* | *Ein Unfall mit einem Motorrad/einem Auto/...* |
| *Was ist mit dem Mann/der Frau?* | *Sein/Ihr Knie/... tut weh.* |

**STRATEGIEN:** Hoffentlich!

*Oh, nein. | Oje! | ..., ja? | Ah/Ach so, ... | Hoffentlich!*
*Bis später/gleich. | Gut, ...*

Was sagt die Frau noch?
Schreiben Sie fünf Sätze.

Der Doktor sagt, du ...

Schreiben Sie ein Telefongespräch: Vereinbaren Sie einen Arzttermin.

◇ Grüß Gott,
mein Name ist ...
Könnte ich bitte ...

## Lernziele

Ich kann jetzt ...

- **A** ... sagen: Wo tut etwas weh? *Mein Arm tut weh.* ☺ 😐 ☹
- **B** ... über die Gesundheit sprechen, Schmerzen beschreiben: *Seine Hand tut weh.* ☺ 😐 ☹
- **C** ... Tipps und Ratschläge für die Gesundheit verstehen und geben: *Der Doktor sagt, ich soll Schmerztabletten nehmen.* ☺ 😐 ☹
- **D** ... eine Krankmeldung schreiben: *Leider kann ich nicht in die Firma kommen.* ☺ 😐 ☹
- **E** ... einen Termin beim Arzt ausmachen: *Könnte ich einen Termin haben?* ☺ 😐 ☹
  ... einen Notfall melden: *Ein Unfall mit einem Motorrad.* ☺ 😐 ☹

Ich kenne jetzt ...

**... 10 Körperteile:**

der Kopf, ...

**... 5 Krankheiten:**

das Kopfweh, ...

PROJEKT

# Ärztinnen und Ärzte in meinem Ort

**1** Wer braucht welche Ärztin/welchen Arzt?
Lösen Sie das Rätsel. Hilfe finden Sie in der Liste.

| | |
|---|---|
| Zahnarzt | *auch: Facharzt für Zahn-, Mund- und Kieferheilkunde* |
| Augenarzt | *auch: Facharzt für Augenheilkunde* |
| Kinderarzt | *auch: Facharzt für Kinder- und Jugendmedizin* |
| Kardiologe | *auch: Facharzt für Herz- und Kreislauferkrankungen* |
| Internist | *auch: Facharzt für innere Medizin* |
| Praktischer Arzt | *auch: Facharzt für Allgemeinmedizin oder: Hausarzt* |
| Frauenarzt | *auch: Gynäkologe oder: Facharzt für Frauenheilkunde und Geburtshilfe* |

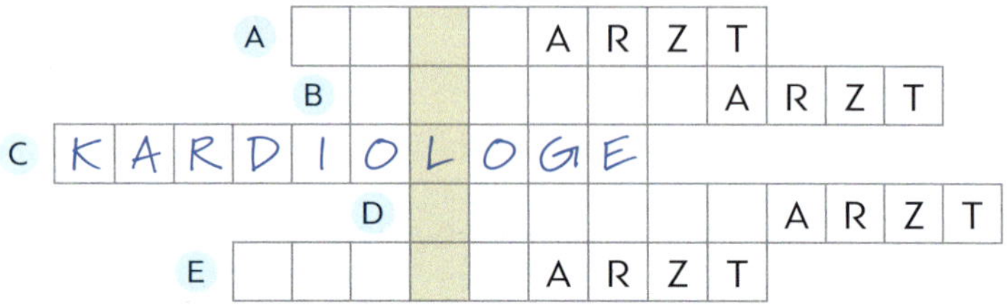


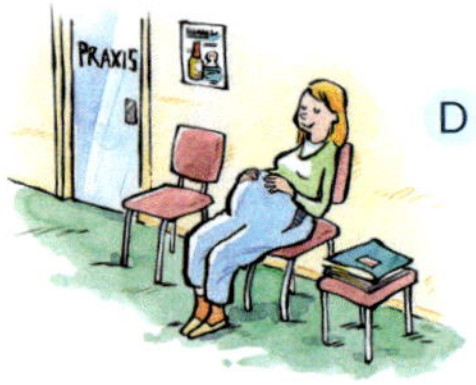

Lösung: ___ ___ L ___ ___

**2** Welche Ärzte brauchen Sie? Suchen Sie im Internet Ärztinnen und Ärzte in Ihrer Nähe und machen Sie eine Liste.

Dr. Martha Führsinn
Praktische Ärztin
Spindlerweg 22
07632 / 812 42

RÄTSEL

**1** Wie heißen die Körperteile? Lesen Sie die Redewendungen und ergänzen Sie.

a Du suchst eine Wohnung? Ich halte die 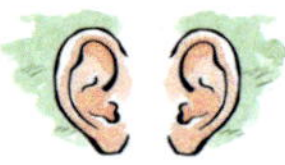 offen. Ohren
b Wir arbeiten  in . Hand in Hand
c Ihm steht das Wasser bis zum . ______
d Können wir unter vier  sprechen? ______
e Willst du mich etwa auf den  nehmen? ______
f Jetzt habe ich aber die  voll! ______

**2** Was bedeuten die Redewendungen? Ordnen Sie die Sätze den Redewendungen in 1 zu.

1 Kann ich allein mit dir reden? 2 Das ist doch nicht wahr! Glaubst du, ich bin dumm? 3 Vielleicht höre ich ja etwas. 4 Er hat große Probleme. 5 Jetzt reicht es! Das mache ich nicht mehr mit! 6 Wir arbeiten gut zusammen.

| Redewendung | a | b | c | d | e | f |
|---|---|---|---|---|---|---|
| Satz | 3 | | | | | |

ÖSTERREICH-SPEZIAL

# Die Bergrettung

1 Anruf bei der Bergrettung. Lesen Sie das Gespräch.

◆ Bergrettung Vorarlberg, grüß Gott!
○ Grüß Gott, da spricht Elfriede Außerleitner. Wir haben ein großes Problem. Mein Freund kann nicht mehr weitergehen.
◆ Bleiben Sie ganz ruhig. Wo sind Sie denn gerade?
○ Wir sind beim Lünersee, am Weg zur Hütte.
◆ Ist Ihr Freund verletzt?
○ Ja, sein Fuß ist vielleicht gebrochen.
◆ Kann er noch ein bisschen gehen?
○ Nur schwer. Sein Fuß tut sehr weh. Ich glaube, wir müssen ins Spital.
◆ Warten Sie jetzt, bitte. Bleiben Sie beim See. Wir kommen in circa 40 Minuten.
○ Oh, super. Danke, vielen Dank. Auf Wiederhören.
◆ Auf Wiederhören.

• die Bergrettung: Notruf 140

2 Lesen Sie die Fragen und markieren Sie die Antworten im Gespräch.

1 WER ruft an? 2 WO sind die Personen? 3 WER ist verletzt?
4 WER hilft? 5 WAS sollen die Personen tun?

SPIEL

# Notruf!

Sie brauchen: 3–5 Spieler, 3 Würfel.
Jeder Spieler würfelt nacheinander mit allen 3 Würfeln gleichzeitig.
Wer würfelt einen Notruf? Wer erreicht zuerst alle Notrufe?

○ 122 = Feuerwehr
○ 123 = Pannendienst (ARBÖ)
○ 133 = Polizei

○ 141 = Ärztenotruf
○ 144 = Rettung

# In der Stadt unterwegs

Folge 11: Alles im grünen Bereich

**1 Was sehen Sie auf den Fotos? Markieren Sie.**

• die (Auto-)Werkstatt • das Auto • der Autoschlüssel • die Apotheke • das Navi • der Bus • die Autobahn • die Tankstelle • das Eis • die Brücke • die Ampel

**2 Was passt? Ordnen Sie zu.**

A 

B 

C 

(c) Fahren Sie nach rechts.
(A) Fahren Sie geradeaus.
(b) Fahren Sie nach links.

1 🔊 45

## 3 Schauen Sie Foto 1 an und hören Sie. Ordnen Sie zu. Achtung: Nicht alles passt.

Feuer cooled down

zwei | zwölf | Fieber | ~~Walter~~ | verkühlt | kein Problem | dem Auto von Walter | Sofia

a Wohin sollen Lara und Lili gehen? Zu Walter.
b Was ist mit Walter los? Er ist krank mit Fieber.
c Wie fahren Lara und Lili in die Werkstatt? Mit dem Auto von Walter.
d Wann macht die Werkstatt zu? Um Zwölf.

1 🔊 45–52

## 4 Schauen Sie die Fotos an und hören Sie.

a Warum kommen Lara und Lili so spät an? Kreuzen Sie an.

○ Sie finden den Weg nicht.
⊗ Sie fahren auf die Autobahn. Lara möchte einmal richtig schnell fahren.

b Was bedeutet „Alles im grünen Bereich"? Kreuzen Sie an.

⊗ Alles ist okay. ○ Nichts funktioniert.

# A Fahren Sie dann **nach links**.

1 🔊 53 **A1 Wie soll Lara fahren?**
Hören Sie und kreuzen Sie an.

☒ A

○ B

1 🔊 54 **A2 Hören Sie und zeichnen Sie den Weg.**

**A3 Schauen Sie den Stadtplan in A2 an. Fragen Sie und antworten Sie.**

*Entschuldigung, ich suche den Bahnhof / das Museum / ...*
*Wo ist da die Post / ein Hotel?*
*Gibt es ein Hotel in der Nähe?*

*Gehen Sie immer geradeaus.*
*Sie gehen zuerst geradeaus und dann die zweite Straße rechts / bei der Ampel links.*
*Gehen Sie geradeaus und nach 300 Metern links.*
*Tut mir leid, ich kenne mich auch nicht aus. / Ich bin auch nicht von da.*

*Wo ist da die Post?*

*Gehen Sie ...*

| | |
|---|---|
| die erste Straße | |
| die zweite Straße | links/rechts |
| die dritte Straße | |

**A4 Sie sind in der Sprachschule. Erklären Sie Ihrer Partnerin / Ihrem Partner einen Weg. Sie/Er rät den Ort.**

*Du gehst rechts, dann geradeaus, dann die zweite Straße links. Dann bist du nach 100 Metern da.*

*Das ist die Schule!*

*Ja, richtig.*

# B Wir fahren **mit dem Auto**.

## 1 🔊 55–59 B1 Wir fahren mit dem Auto.

**a** Womit fahren/fliegen die Personen? Hören Sie und kreuzen Sie an.

○ mit • dem Flugzeug  ○ mit • dem Zug  ☒ mit • dem Auto 

○ mit • der Straßenbahn  ○ mit • der U-Bahn  ○ mit • der Schnellbahn 

○ mit • dem Taxi  ○ mit • dem Bus  ○ mit • dem Rad 

**b** Wohin möchten die Personen? Hören Sie noch einmal und ordnen Sie zu.

• das Museum • ~~die Apotheke~~ • der Fußballplatz
• der Kindergarten • die Landstraße

1 Sofia geht jetzt zur Apotheke.
2 Die Frau möchte zur ............ .
3 Das Paar will zum Fußballplatz, aber zu Fuß ist das zu weit.
4 Der junge Mann muss zum ............ .
5 Die Frau will zum ............ .

| Wie? | |
|---|---|
| • der Bus | → mit dem Bus |
| • das Auto | → mit dem Auto |
| • die U-Bahn | → mit der U-Bahn |
| ⚠ zu Fuß | |

| Wohin? | |
|---|---|
| • der Fußballplatz | → zum Fußballplatz |
| • das Museum | → zum Museum |
| • die Apotheke | → zur Apotheke |
| Walter | → zu Walter |

## B2 Schauen Sie den Netzplan an. Sie sind am Hauptbahnhof. Fragen Sie und antworten Sie.

◆ Entschuldigung. Wie komme ich zum Schwimmbad? Kann ich zu Fuß gehen?
○ Zu Fuß? Nein, das ist viel zu weit. Fahren Sie mit dem Bus 31 bis zur Station „Schwimmbad".

zu + dem = zum
zu + der = zur

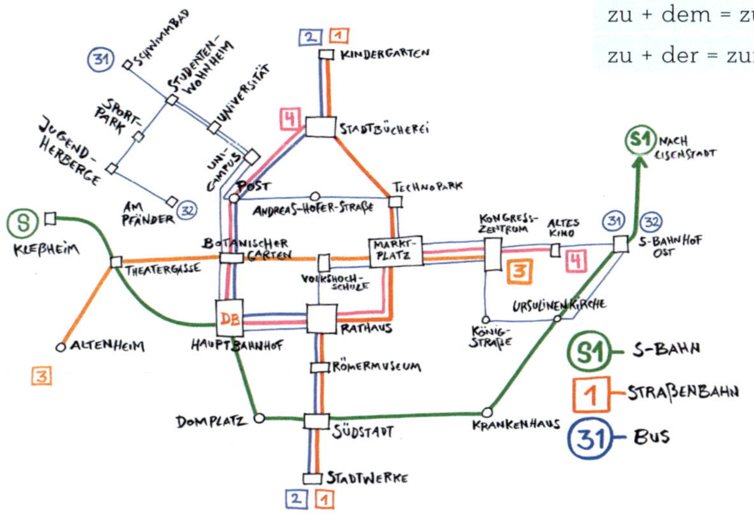


## B3 Meine Wege und Verkehrsmittel

Zeichnen Sie Ihren persönlichen „Netzplan" und sprechen Sie dann mit Ihrer Partnerin / Ihrem Partner.

*Ich fahre mit dem Auto zum Kindergarten. Zum Fitnesscenter fahre ich mit dem Bus. Zu Katja ...*

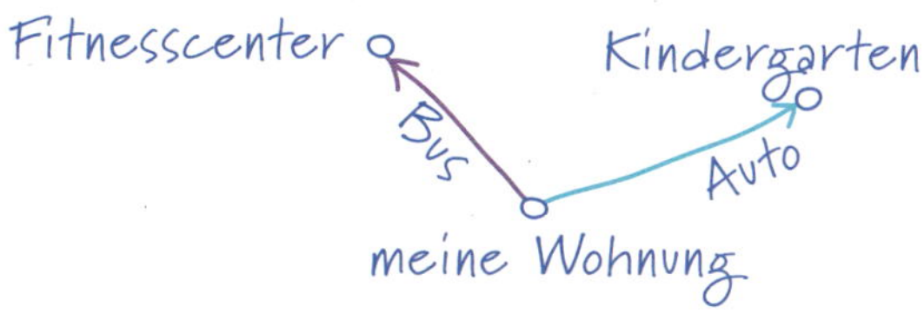

# C Da! **Vor der Brücke** links.

## 1 60 C1 Hören Sie und verbinden Sie.

a Wo darf man nur 50 fahren? — Vor der Brücke links.
b Wo geht es zur Autobahn? — In der Stadt.
c Wo soll Lara bleiben? (remain) — An der Ampel.
d Wo soll Lara nach links fahren? — Auf der Autobahn.

## C2 In der Stadt

a Schauen Sie das Bild an. Welche Wörter kennen Sie?
Zeigen Sie und sammeln Sie mit Ihrer Partnerin / Ihrem Partner.

*Also, das ist ein Lkw, glaube ich.*

*Und da sieht man einen Würstelstand.*

b Was ist richtig? Kreuzen Sie an.

1 Zwei Lkws stehen ○ auf der Straße. ☒ auf dem Parkplatz.
2 Die Kinder warten ○ in der Schule. ☒ an der Bushaltestelle. (bus stop)
3 Ein Mann kauft ☒ am Würstelstand ○ bei der Post einen Leberkäse.
4 Ein Paar sitzt ☒ hinter dem Café. ○ im Café.
5 Die Bücherei ist ☒ über der Bäckerei. ○ unter der Bäckerei.
6 Ein Baum steht ○ auf den Häusern. ☒ zwischen der Post und der Schule.

c Ergänzen Sie die Tabelle.

| Wo? | |
|---|---|
| hinter/vor/neben/... | ● dem Parkplatz<br>● dem Café<br>● der Bäckerei<br>● den Häusern (houses) |

| |
|---|
| an + dem = am |
| in + dem = im |

| Wo? |
|---|
| an |
| auf |
| hinter |
| in |
| neben |
| über |
| unter |
| vor |
| zwischen |

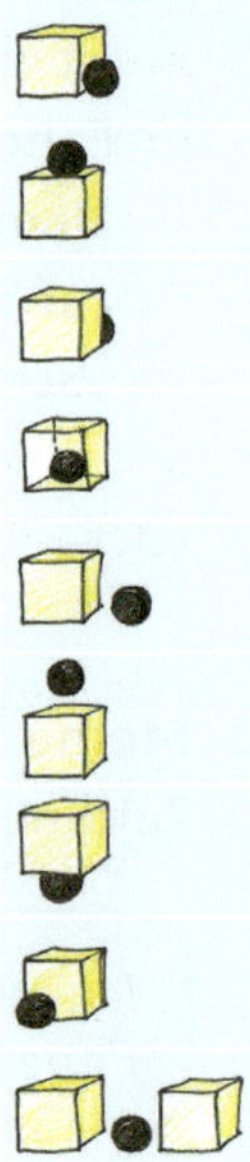

## C3 Schauen Sie das Bild aus C2 an. Fragen Sie und antworten Sie.

◆ Wo ist der Bus? ○ Vor der Schule.

# D Wir gehen **zu Walter** und holen das Auto.

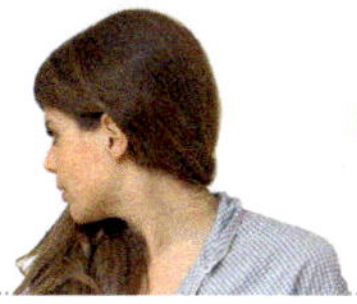

## D1 Wo ist …?

**a** Wissen Sie es noch? Kreuzen Sie an.

Wo ist …

1 Sofia? ☒ In der Apotheke. ○ In der Werkstatt.

2 Walter? ○ Beim Arzt. ☒ Im Bett.

1 61 **b** Hören Sie und vergleichen Sie.

**Wo?**

| | |
|---|---|
| Person: | • beim Arzt \| • bei der Freundin \| bei Walter |
| „Haus"/Ort/Geschäft: | • im Kindergarten \| • im Bett \| • in der Apotheke |
| Land/Stadt: | in Österreich / in Wien \| • im Jemen \| • in der Schweiz \| • in den USA |
| ⚠ | zu Hause |

bei dem = beim

## 1 62 D2 Hören Sie und variieren Sie.

◆ Ist der Chef nicht da?

○ Nein, tut mir leid. Er ist beim Zahnarzt.

Varianten:

London | • der Konferenzraum | • die Werkstatt | • die Apotheke | • die Ordination | • der Hausmeister | • die Schweiz | • das Sekretariat | • der Arzt | …

## D3 Paulos Termine. Lesen Sie den Kalender und ergänzen Sie.

Am Montag fährt Paulo in die Slowakei.
Er muss für einen Tag nach Bratislava.
Am Dienstag geht er ins Fitnesscenter.
Am Mittwoch muss er zum Zahnarzt.
Am Donnerstag geht er ins Konzert.
Am Freitag fährt er zum Supermarkt und kauft für das Wochenende ein.
Am Samstag fährt er zuerst zu Martin abholen.
Dann gehen sie zusammen ins Fußballstadion und schauen das Fußballspiel an.

Montag
Slowakei / Kundentermin in Bratislava
Dienstag
Fitnesscenter
Mittwoch
Zahnarzt!
Donnerstag
Konzert
Freitag
Supermarkt
Samstag
Martin abholen, Fußballstadion
Sonntag

**Wohin?**

| | |
|---|---|
| Person: | • zum Zahnarzt \| • zur Freundin \| zu Walter |
| Geschäft/ „Haus"/Ort: | • in den (auch: zum) Supermarkt \| • in die (auch: zur) Apotheke<br>• in den Kindergarten \| • ins Kino \| • in die Ordination |
| Land/Stadt: | nach Österreich \| nach Wien \| • in den Jemen \| • in die Schweiz \| • in die USA |
| ⚠ | nach Hause |

## D4 Wo waren Sie diese Woche? Wohin gehen/fahren Sie noch?

Notieren Sie und sprechen Sie dann mit Ihrer Partnerin / Ihrem Partner.

Montag: 19 Uhr Susi -> DVD-Abend
Mittwoch: Villach -> Augenarzt
Freitagabend bis Sonntag: Freunde besuchen

*Also, am Montag war ich bei Susi. Wir haben einen DVD-Abend gemacht. Morgen fahre ich nach Villach. Ich habe dort einen Termin beim Augenarzt. Und am Wochenende fahre ich zu Freunden. Sie wohnen in Velden.*

## D5 Neu in der Stadt

**a** Was möchten Sie machen? Notieren Sie.

kopieren
Semmeln kaufen
Bücher ausborgen
...

**b** Spielen Sie kleine Gespräche.

da vorn(e)

da hinten

da drüben

da an der Ecke / da am Eck

- ◆ Wo kann ich kopieren?
- ○ Da musst du zum Copyshop gehen.
- ◆ Ist das weit?
- ○ Nein. Der Copyshop ist gleich da vorn. Neben der Buchhandlung am Eck.

| | |
|---|---|
| *Wo gibt es hier einen/ein/eine ...?* | *Im / In der ...* |
| *Wo kann ich hier ... kaufen/ bekommen/...?* | *Da gehen Sie zu/zum/zur ... Er/Es/Sie ist gleich da in der Nähe. / gar nicht weit weg. / da an der Ecke (oder: am Eck). / gleich da vorn(e)/hinten/drüben.* |
| *Gibt es da / in der Nähe ...?* | |
| *Und wo finde ich ...?* | |
| *Kann ich zu Fuß gehen?* | *Ja, es ist nicht weit. / Nein, Sie müssen mit der Straßenbahn / mit dem Bus / ... fahren.* |

## D6 Ein Tag im Leben von ...

Wählen Sie eine Person. Was macht die Person? Wo ist sie wann? Wohin geht/fährt sie? Schreiben Sie. Lesen Sie dann Ihren Text im Kurs vor. Die anderen raten: Wer ist das?

A
• der Lkw-Fahrer

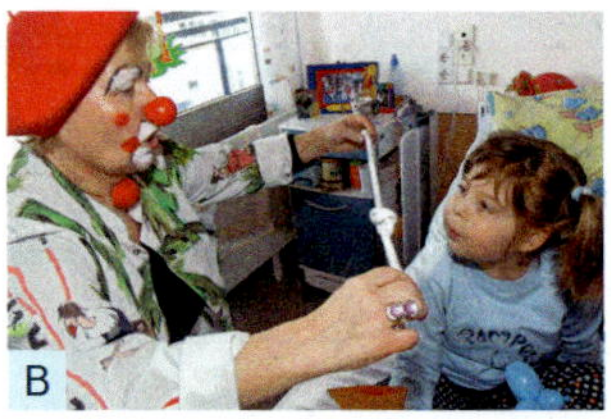
B
• der Krankenhausclown

C
• die Tänzerin

D
• der Koch

Meine Person ist viel unterwegs. Sie steht früh auf und fährt in die ...
Dann fährt sie nach ... Das dauert lang.

**SCHON FERTIG?** Morgen haben Sie frei. Wohin gehen/fahren Sie? Was machen Sie dort? Schreiben Sie.

## E1 Lesen Sie die Sätze a – e. Hören Sie dann die Durchsagen und ordnen Sie zu.

1 63–67

*Durchsage*

a Der Zug fährt vom Bahnsteig 8 ab.
b Die Fahrgäste sollen einsteigen.
c Der Zug hat Verspätung. Er kommt 10 Minuten später an.
d Die Fahrgäste können in einen Zug nach Salzburg umsteigen.
e Die Fahrgäste sollen aussteigen.

einsteigen

aussteigen

umsteigen

abfahren
• die Abfahrt

ankommen
• die Ankunft

## E2 Am Schalter

1 68

**a** Was ist richtig? Hören Sie und kreuzen Sie an.

1 Die Frau möchte ○ heute ○ morgen nach Graz fahren.

2 Sie ○ kann direkt fahren. ○ muss umsteigen.

3 Sie kauft die Fahrkarte ○ am Fahrkartenautomaten. ○ am Schalter.

**b** Was hören Sie im Gespräch? Hören Sie noch einmal und markieren Sie.

○ Ich brauche eine Auskunft: Wann fährt der nächste Zug nach Graz?
○ Um 12 Uhr 22. ○ Muss ich da umsteigen? ○ Wann kommt der Zug in Graz an?
○ Ja. In Bruck an der Mur. ○ Gleich am Bahnsteig gegenüber. ○ Bitte achten Sie auf die Durchsagen.
○ Bekomme ich die Fahrkarte bei Ihnen oder am Fahrkartenautomaten?
○ Am Automaten und da am Schalter. ○ Sie haben Anschluss nach Bruck an der Mur.
○ Einfach oder hin und retour? ○ Gut, dann bitte eine einfache Fahrkarte.
○ 36,70 Euro, bitte. Und da ist Ihre Fahrkarte. ○ Von welchem Bahnsteig fährt der Zug ab?
○ Vom Bahnsteig 3.

**c** Wer sagt was? Ordnen Sie in b zu (F = Fahrgast / M = Mitarbeiterin).

## E3 Spielen Sie ein Gespräch. Tauschen Sie auch die Rollen.

**Fahrgast**
Sie wohnen in Feldkirch und möchten am Freitag nach Eisenstadt fahren.

**Mitarbeiterin/Mitarbeiter**
Geben Sie Auskunft.

**Ihr Fahrplan**

| Bahnhof/Haltestelle | Datum | Zeit | Bahnsteig | Zug | Normalpreis |
|---|---|---|---|---|---|
| Feldkirch | 21.03. | ab 12:15 | 3 | railjet 165 | 79,30 EUR |
| Wien Hbf | 21.03. | an 18:30 | 12 | | → Ticket kaufen |
| Wien Hbf | 21.03. | ab 19:14 | 10 | REX 2663 | |
| Eisenstadt | 21.03. | an 20:26 | 2 | | |

SCHON FERTIG? Wohin möchten Sie gern mit dem Zug fahren? Spielen Sie weitere Gespräche.

## Grammatik

### 1 Modale Präposition: *mit* + Dativ ÜG 6.04

| | | | | Plural |
|---|---|---|---|---|
| | • der → dem | • das → dem | • die → der | • die → den |
| mit | • dem Zug | • dem Auto | • der U-Bahn | • den Kindern |

Schreiben Sie Sätze.

Meine Verkehrsmittel
Ich fahre oft mit ...
Ich fahre manchmal mit ...

### 2 Lokale Präpositionen auf die Frage „Wo?" + Dativ ÜG 6.02, 6.03

| | | | | Plural |
|---|---|---|---|---|
| neben | • dem Bahnhof | • dem Hotel | • der Post | • den Häusern |

*auch so:* an, auf, hinter, in, neben, über, unter, zwischen, vor, bei

**Wo ist Sofia?**

| | |
|---|---|
| Person: | • beim Arzt \| • bei der Freundin \| bei Walter |
| „Haus"/Ort/Geschäft: | • im Kindergarten \| • im Bett \| • in der Apotheke |
| Land/Stadt: | in Österreich/Wien \| • im Jemen \| • in der Schweiz \| • in den USA |
| ⚠ | an + dem = am<br>bei + dem = beim<br>in + dem = im |
| ⚠ | zu Hause (oder daheim) |

Wo sind die Mäuse? schreiben Sie.

Eine Maus ist vor der Straßenbahn.
Eine Maus ist ...

### 3 Lokale Präpositionen auf die Frage „Wohin?" ÜG 6.02, 6.03

**Wohin ist Paulo gefahren?**

| | |
|---|---|
| Person: | • zum Zahnarzt \| • zur Freundin \| zu Walter |
| Geschäft/„Haus"/Ort: | • in den (auch: zum) Supermarkt \| • in die (auch: zur) Apotheke \| • in den Kindergarten \| • ins Kino |
| ⚠ | zu + dem = zum<br>zu + der = zur |
| Land/Stadt: | nach Österreich/Wien<br>• in den Jemen \| • in die Schweiz \| • in die USA |
| ⚠ | nach Hause (oder: heim) |

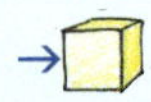

zur Apotheke

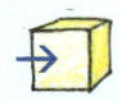

in die Apotheke

## Kommunikation

**ORIENTIERUNG:** Wo ist da die Post?

*Entschuldigung, ich suche den Bahnhof/das Museum/...*

*Gehen Sie immer geradeaus.*
*Sie gehen zuerst geradeaus und dann die zweite Straße rechts/an der Ampel links.*

Ihre Orte, Geschäfte, Personen: Wohin fahren/gehen Sie oft? Notieren Sie.

ins Büro
...

| | |
|---|---|
| *Wo ist da die Post / ein Hotel / ...?* | *Gehen Sie geradeaus und nach 300 Metern links.* |
| | *Fahren Sie nach rechts / nach links / geradeaus.* |
| | *Dann sind Sie nach 100 Metern da.* |
| *Ist hier ein Hotel in der Nähe?* | *Tut mir leid, ich kenne mich auch nicht aus. / Ich bin nicht von hier.* |
| *Wo gibt es hier einen/ein/eine ...?* | *Im / In der ...* |
| *Wo kann ich denn da ... kaufen/bekommen/...?* | *Da gehen Sie zu/zum/zur ... Er/Es/Sie ist gleich hier in der Nähe. / gar nicht weit weg. / da an der Ecke (oder: am Eck). / gleich da vorn(e)/hinten/drüben.* |
| *Gibt es hier / in der Nähe ...? Und wo finde ich ...? Kann ich zu Fuß gehen?* | *Ja, es ist nicht weit. / Nein, Sie müssen mit der U-Bahn / mit der Straßenbahn / mit dem Bus / ... fahren.* |

**AM SCHALTER:** Ich brauche eine Auskunft.

| | |
|---|---|
| *Ich brauche eine Auskunft: Wann fährt der nächste Zug nach ...? Wann kommt der Zug in ... an?* | *Um ... Uhr. / Um ...* |
| *Von welchem Bahnsteig fährt der Zug ab?* | *Vom Bahnsteig ...* |
| *Muss ich umsteigen?* | *Ja. In ... Sie haben Anschluss nach ... / Nein.* |
| *Bekomme ich die Fahrkarte bei Ihnen oder am Fahrkartenautomaten?* | *Am Automaten und hier am Schalter.* |
| *Bitte eine einfache Fahrkarte. / hin und retour.* | *Einfach oder hin und retour?* |

Eine Freundin / Ein Freund ist am Bahnhof. Beschreiben Sie den Weg zu Ihrer Wohnung.

Hallo ..., ich bin jetzt am Bahnhof. Wie komme ich zu dir? Kann ich zu Fuß gehen?

Nein, du fährst ...

Schreiben Sie ein Gespräch.

| Bahnhof / Haltestelle | Datum | Zeit | Gleis |
|---|---|---|---|
| Innsbruck Hbf | 24. 5. | ab 12:51 | 1 |
| Salzburg Hbf | 24. 5. | ab 14:28 | 9 |
| Salzburg Hbf | 24. 5. | ab 14:39 | 8 |
| Wien Hbf | 24. 5. | ab 17:05 | 3 |

◦ Wann kommt der Zug in Wien an?
• Um 17 Uhr 05.

## Lernziele

Ich kann jetzt ...

A ... nach dem Weg fragen, Wegbeschreibungen verstehen: *Entschuldigung, ich suche den Bahnhof.* ☺ 😐 ☹

B ... sagen: Welche Verkehrsmittel benutze ich? *Wir fahren mit dem Auto.* ☺ 😐 ☹

C ... Ortsangaben verstehen und selbst formulieren: *Vor der Brücke links.* ☺ 😐 ☹

D ... Orte und Richtungen angeben: *ins Fitnesscenter gehen.* ☺ 😐 ☹

E ... Fahrpläne und Durchsagen verstehen: *Der Intercity 796 fährt heute vom Bahnsteig 8 ab.* ☺ 😐 ☹

... am Bahnhof Fahrkarten kaufen: *Wann fährt der Zug nach ...?* ☺ 😐 ☹

Ich kenne jetzt ...

**10 Orte in der Stadt:**

der Bahnhof, ...

**5 Verkehrsmittel:**

der Zug, ...

SCHREIBEN

## Mein Tag

**1** Schauen Sie das Bild an und lesen Sie den Text „Mein Tag". Wer erzählt?

Mein Tag:

Ich habe um sieben Uhr gefrühstückt. Dann bin ich mit dem Bus zum Mirabellplatz gefahren. Dort habe ich bis 12 Uhr im Büro gearbeitet. Dann bin ich mit dem Taxi zum Hauptbahnhof gefahren. Da habe ich einen Geschäftspartner aus der Schweiz getroffen. Wir sind in ein Restaurant gegangen. Um 17 Uhr 30 habe ich den Geschäftspartner zum Zug gebracht und dann bin ich heimgefahren.

**2** Wählen Sie nun eine Person aus und schreiben Sie einen Text „Mein Tag". Lesen Sie dann Ihren Text im Kurs vor. Die anderen raten: Wer ist das?

SPRECHEN

## Verkehrsmittel in Ihrem Kursort

**1** Welche Verkehrsmittel gibt es in Ihrem Kursort? Notieren Sie wie im Beispiel.

**Beispiel Wien**
U-Bahn: U1 ...
Bus: 48A
Straßenbahn: 1, 2, D ...

**2** Sprechen Sie in der Gruppe. Wer fährt mit dem Bus / mit der Bim / ...? Machen Sie eine Liste. Welches Verkehrsmittel gewinnt?

- die Straßenbahn =
(in Wien und Graz auch:)
- die Bim

# Unterwegs mit Bus und Bahn

## 1 Eine Fahrkarte kaufen

1 🔊 69 **a** Schauen Sie das Bild an und hören Sie das Gespräch. Sprechen Sie.

*Fahrkarte Salzburg – Leoben*
*hin und retour*

*Die Frau kauft eine Fahrkarte.*

*Nein, der Mann kauft eine Fahrkarte.*

*Wie heißt das? Vorteils …?*

● die Fahrkarte = ● der Fahrschein = ● das Ticket

**b** Hören Sie das Gespräch noch einmal. Kreuzen Sie an.

1 Der Mann fährt
- ○ von Leoben nach Salzburg.
- ○ von Leoben nach Salzburg und dann wieder zurück nach Leoben.
- ○ von Salzburg nach Leoben.
- ○ von Salzburg nach Leoben und dann wieder zurück nach Salzburg.

2 Mit der Vorteilscard
- ○ muss der Mann nur 50% vom Fahrpreis bezahlen.
- ○ kann der Mann einen Monat lang billig durch Österreich fahren.
- ○ muss der Mann keine Fahrkarte mehr kaufen.

3 Der Mann möchte die Vorteilscard. Er muss
- ○ zur Post gehen.
- ○ ein Formular ausfüllen und ein Foto abgeben.
- ○ in 5 bis 6 Wochen wiederkommen.

In Österreich kann man bei den ÖBB (Österreichische Bundesbahnen) auch billige „Sparschiene"-Tickets online kaufen. Oder man fährt billig zwischen Salzburg und Wien mit der Westbahn.

## 2 Fahrscheinkontrolle

1 🔊 70 Hören Sie und kreuzen Sie an: richtig oder falsch?

| | richtig | falsch |
|---|---|---|
| a Fahrkarte ist ein anderes Wort für Fahrschein. | ○ | ○ |
| b Der Mann hat seine Fahrkarte vergessen. | ○ | ○ |
| c Der Mann fährt fast täglich mit der Schnellbahn. | ○ | ○ |
| d Der Mann findet seine Jahreskarte zu teuer. | ○ | ○ |
| e Eine Jahreskarte kann man nur am Fahrkartenschalter kaufen. | ○ | ○ |

● die Wochenkarte
● die Monatskarte
● die Jahreskarte

# Kundenservice

**1 Schauen Sie die Fotos an. Wo sehen Sie was?**

a eine Tasche: Foto 1 bis 7
b ein Plastiksackerl: Foto 8
c eine Rechnung: Foto 5
d einen Verkäufer: Foto 4 bis 7
e etwas ist kaputt: Foto 2 bis 4

2 🔊 1–8

**2 Schauen Sie die Fotos an und hören Sie. Was ist richtig? Kreuzen Sie an.**

a ○ Laras Tasche war teuer.
b ☒ Die Tasche ist neu, aber schon kaputt.
c ○ Der Verkäufer repariert die Tasche heute.
d ☒ Lara bekommt ihre Tasche am Dienstag.
e ○ Lara findet das Service gut.

In Österreich sagt man auch:
• der Service = • das Service

2

3

4

7

8

2 🔊 1–8 **3 Ordnen Sie zu. Hören Sie noch einmal und vergleichen Sie.**

Dienstag | kaputt | Geschäft (business) | ~~Tasche~~ | Plastiksackerl | reparieren | soll

Lara hat eine Tasche gekauft. Sie ist schon kaputt. Lara geht in das Geschäft. Der Verkäufer soll die Tasche reparieren. Er sagt, Lara soll die Tasche reparieren. Aber das macht Lara nicht. Lara bekommt die Tasche am Dienstag zurück. Am Ende gibt der Verkäufer Lara ein Plastiksackerl.

**4 Sprechen Sie.**

Lara ist sauer.
Verstehen Sie, warum?

*Ja, ich verstehe das. Der Verkäufer ist …*

*In meinem Heimatland …*

● das Service | ● der Verkäufer | unfreundlich | normal | schlecht | nicht so gut | …

# A Gleich **nach dem Kurs** gehe ich hin.

## A1 Ordnen Sie zu.

bei | nach | vor

A

Das ist Lara vor dem Kurs.

B

Das ist Lara nach dem Kurs.

C

Das ist Lara bei der Hausübung.

| Wann? | |
|---|---|
| vor<br>nach<br>bei | • dem Kurs<br>• dem Training<br>• der Hausübung<br>• den Tests |
| ⚠ | • beim Sport /<br>• beim Turnen /<br>• beim Training |

## 2 🔊 9 A2 Ergänzen Sie *bei*, *nach* und *vor*.

Hören Sie dann und vergleichen Sie.

| | |
|---|---|
| vor | • einem Tag |
| nach | • einer Woche |

◆ Ich will Sie nicht bei der Arbeit stören. Aber: Könnten Sie mir bitte helfen?
○ Was kann ich denn für Sie tun?
◆ Die Tasche habe ich vor einer Woche da bei Ihrem Kollegen gekauft. Sie ist leider schon kaputt. Schon nach einer Woche.

## A3 Ein Tag in Martina Hubers Geschäft

2 🔊 10 **a** Was passiert wann im Geschäft? Hören Sie und verbinden Sie.

**Wann?**
1 vor der Mittagspause
2 vor dem Frühstück
3 beim Mittagessen
4 nach der Mittagspause

**Was?**
- Taschen und Gewand sortieren
- ein bisschen lesen
- Reparaturen machen und nähen
- viel verkaufen

**b** Sprechen Sie.

*Vor der Mittagspause macht Frau Huber Reparaturen und …*

## A4 Ihr Tag

Schreiben Sie fünf Sätze über Ihren Tag mit *vor*, *bei* und *nach*. Eine Aussage stimmt nicht. Ihre Partnerin / Ihr Partner rät.

1 Vor dem Frühstück dusche ich.
2 Beim Training …

# B Sie bekommen sie **in vier Wochen**.

## 2 11 B1 Ordnen Sie zu. Hören Sie dann und vergleichen Sie.

a ◆ Wie lange brauchen Sie für die Reparatur?
b ◆ Wie lange dauert es denn?
c ○ Ab wann brauchen Sie die Tasche denn wieder?

◆ Bis morgen?
◆ Ab Montag.
○ Sie bekommen die Tasche in ungefähr vier bis sechs Wochen zurück.

| | | | |
|---|---|---|---|
| Wann? | in | • einem | Monat |
| | | • einem | Jahr |
| | | • einer | Woche |
| | | • drei | Jahren |

| | | |
|---|---|---|
| (Ab) wann? | ab • → | 3 Uhr; Dienstag |
| Wie lange? | bis → • | 5 Uhr; morgen, nächste Woche |

## 2 12–13 B2 Hören Sie und variieren Sie.

1

◆ Mein Herd funktioniert nicht. Ich brauche dringend Hilfe. Wann kann der Techniker kommen?
○ In einer Stunde ist er bei Ihnen.

Varianten: meine Waschmaschine – 20 Minuten
mein Radio – eine Viertelstunde  meine Heizung – 3 Stunden

2

▲ Mein Drucker ist schon wieder kaputt.
□ Oje.
▲ Wie lange brauchen Sie für die Reparatur?
□ Bis morgen. Sie können den Drucker ab 17 Uhr abholen.

Varianten: heute Abend – 18 Uhr  Freitag – 15 Uhr  morgen Mittag – 12 Uhr

## B3 Rollenspiel: Ihr ... ist kaputt. Rufen Sie beim Kundenservice an.

Sie haben ein Tablet Modell C 3.0 gekauft.
Es funktioniert nicht. Sie haben noch 6 Monate Garantie.

◆ Techno Markt, grüß Gott. Meier. Was kann ich für Sie tun?
○ Guten Tag. Mein Name ist ... Mein Tablet funktioniert nicht.
◆ Aha. Was für ein Modell ist es?
○ Ein ... Ich habe noch ... Monate Garantie.
◆ Gut, dann bringen Sie das Gerät bitte vorbei.
○ Bis wann können Sie das Gerät reparieren?
◆ Tut mir leid, das kann ich noch nicht sagen.
○ Gut, dann bis später. ...

# C **Könnten** Sie mir das bitte **zeigen**?

## 2 🔊 14 C1 Hören Sie und kreuzen Sie an. Welcher Satz ist freundlich ☺, welcher nicht ☹?

- a ☒ ☺ ○ ☹ Könnten Sie mir das bitte zeigen?
- b ○ ☺ ☒ ☹ Helfen Sie mir!
- c ○ ☺ ☒ ☹ Geben Sie mir einfach eine neue Tasche!
- d ☒ ☺ ○ ☹ Würden Sie mir dann bitte mein Geld zurückgeben?

> ☹ Helfen Sie mir!
>
> ☺ **Könnten** Sie mir bitte **helfen**?
> **Würden** Sie mir bitte **helfen**?
>
> **Könnten** Sie mir bitte **helfen**?

## C2 Was sagt die Chefin? Was antwortet die Assistentin?

Spielen Sie Gespräche.

- bitte heute noch die Rechnung da bezahlen
- das E-Mail an die Firma Fischer bitte heute noch schreiben
- das Fenster bitte einen Moment aufmachen 
- bitte den Computer einschalten
- bitte gleich bei „Kamper & Co“ anrufen
- bitte gleich Kaffee machen
- die Tür kurz mal zumachen 
- bitte Papier für den Drucker kaufen
- bitte das Licht abdrehen

| | |
|---|---|
| Fenster<br>Tür | **auf**machen<br>**zu**machen |
| Licht/<br>Computer | **auf**drehen<br>**ab**drehen<br>**ein**schalten<br>**aus**schalten |

◆ Könnten Sie / Würden Sie bitte heute noch die Rechnung da bezahlen?

○ Natürlich. / Ja, gern. / Nein, das geht leider gerade nicht. Ich muss erst …

## C3 Höfliche Bitten

Was sagen die Leute? Schreiben Sie zu jeder Situation zwei Sätze.

die Tür aufmachen | den Geschirrspüler reparieren | Hustensaft oder Tabletten geben | einen Tisch im Restaurant reservieren | …

A Sie sind in der Apotheke.

*A Würden Sie mir bitte Hustensaft oder Tabletten gegen meinen Husten geben? …*

B Sie sind im Hotel an der Rezeption.

C Sie stehen vor Ihrer Wohnungstür. Sie haben keinen Schlüssel.

D Der Geschirrspüler funktioniert nicht.

# D Telefonansagen

## 2 15–18 D1 Hören Sie vier Ansagen: Wer spricht?

Kreuzen Sie an.

| | Autohaus | Schülerhilfe | Amt | Privatperson |
|---|---|---|---|---|
| Ansage 1 | | | | X |
| Ansage 2 | | | X | |
| Ansage 3 | X | | | |
| Ansage 4 | | X | | |

## 2 15–18 D2 Hören Sie die Ansagen aus D1 noch einmal. Was ist richtig? Kreuzen Sie an.

1 Was soll die Person tun?
- ○ Später noch einmal anrufen.
- ○ Eine andere Nummer anrufen.
- ☒ Eine Nachricht hinterlassen.

2 Ein Anrufer braucht einen neuen Pass. Was soll er tun?
- ○ Die Zahl 1 wählen.
- ○ Die Zahl 1 sprechen.
- ○ Die Nummer 1 anrufen.

3 Was soll Herr Pfaffinger tun?
- ○ Einen Preis sagen.
- ○ Das Auto verkaufen.
- ☒ Die Firma anrufen.

4 Was soll Frau Brückner tun?
- ○ Ihren Sohn anmelden.
- ○ Einen anderen Lehrer nehmen.
- ☒ Einen Termin ausmachen

## D3 Eine Ansage für Ihre Mailbox. Wählen Sie passende Sätze und schreiben Sie.

Sprechen Sie dann.

*Sie sind verbunden mit dem Anschluss von … / Hier ist der Anschluss von …*
*Im Moment sind wir / bin ich nicht erreichbar.*
*Sie erreichen uns/mich unter der Nummer …*
*Sprechen Sie bitte Ihren Namen und Ihre Telefonnummer nach dem Ton. / Bitte hinterlassen Sie eine Nachricht.*
*Wir rufen / Ich rufe zurück. / Bitte rufen Sie später noch einmal an.*

## D4 Sprechen Sie auf die Mailbox.

Sie rufen bei der Werkstatt an. Sie haben ein neues Auto gekauft. Es ist erst ein Jahr alt und jetzt ist es kaputt.

Sie haben bei Elektro-Heller einen Kühlschrank Modell Cool 2000 gekauft. Er ist zwei Wochen alt und funktioniert nicht. Rufen Sie an.

*Da spricht/ist …*
*Bitte rufen Sie zurück unter …*
*Bitte rufen Sie mich an.*
*Meine Nummer ist …*
*Vielen Dank und auf Wiederhören!*

**SCHON FERTIG?** Schreiben Sie eine besonders lustige Mailboxansage.

# E Hilfe im Alltag

## E1 Lesen Sie. Welche Anzeige passt? Ordnen Sie zu.

*Anzeige*

a Die Freunde Klaus, Gerry und Paul bekommen am Wochenende um 22 Uhr Hunger und haben nichts im Kühlschrank.

b Frau Bertram ist 80 Jahre alt. Ihre Enkel kommen. Sie möchte gut ausschauen. Sie kann nicht aus der Wohnung gehen.

c Familie Cornelis ist auf Urlaub. Draußen vor ihrem Haus liegt Schnee. Der muss weg.

d Die Kaffeemaschine von Lena und Bert funktioniert nicht mehr.

e Der Sohn von Frau Heftberger ist schlecht in Deutsch.

**Michaelas *mobiler* Friseur**

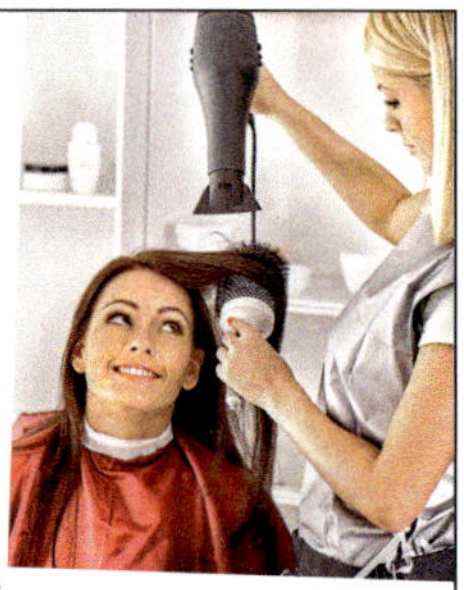

Meisterbetrieb
Tel.: 0176 / 36 50 49 87

Liebe Kundin, lieber Kunde,

ich komme zu Ihnen nach Hause, ins Büro oder ins Hotel und frisiere oder schneide Ihre Haare. Denn schöne Haare und eine gute Frisur sind wichtig, im Job oder in der Freizeit.

*Michaela Lex*

1

**Pizza-auf-Rädern.at**

Jetzt online bestellen!

Di–Sa 10:30 bis 14:00 / 16:30 bis 22:45
Sonntag und Feiertag: 11:00 bis 22:30
Montag Ruhetag

**Unsere Angebote**

Mittagsangebote Di–Fr von 10:30 bis 14:00
– jede normale Pizza (28 cm) nur 6,50 Euro
– jede große Pizza (32 cm) nur 7,50 Euro
– jedes Nudelgericht nur 6,00 Euro
Donnerstag = Maxi-Pizza-Tag

2

Schülernachhilfe Radstadt

**Daheim besser lernen**

Wir bieten Nachhilfe für jede Klasse und für jedes Fach an: Unser Team arbeitet sehr gut mit Kindern und Jugendlichen zusammen. Machen Sie gleich einen Termin für eine Probestunde aus. *Rufen Sie uns an. Wir informieren Sie gern. Tel.: 06452 / 3428539*

3

**SIE BRAUCHEN HILFE FÜR HAUS & WOHNUNG?**

4

*Reparieren lohnt sich!*

**REPARATURSERVICE**

Ihr Toaster ist kaputt?
Wir **reinigen** und **reparieren** gern Ihr Elektrogerät!
Ersatzteile haben wir auf Lager.
E-Mail: ernst@reparaturen.at

5

## E2 Schauen Sie den Text an. Was ist das? Kreuzen Sie an.

○ ein Formular ○ eine Gebrauchsanweisung

**EIN- UND AUSSCHALTEN DES GERÄTS**
Drücken Sie die Taste auf der Rückseite der Maschine 3 Sekunden lang.

**REINIGUNG**
1. Ziehen Sie den Stecker aus der Steckdose.
2. Öffnen Sie den Deckel oben am Gerät.
3. Nehmen Sie den Wasserbehälter heraus.
4. Reinigen Sie den Wasserbehälter mit Essig.
5. Schließen Sie den Deckel wieder.

**KUNDENSERVICE**
Ihre Kaffeemaschine ist kaputt? Sie brauchen Hilfe? Auf unserer Homepage finden Sie die Telefonnummern und E-Mail-Adressen von unserem Kundenservice.
**Auch in Ihrem Bezirk.**

## E3 Wie reinigt man die Kaffeemaschine?

Schauen Sie die Bilder an. Ordnen Sie die Sätze 1–5 aus E2 zu.

## 2 19 E4 Anruf beim Kundenservice. Hören Sie das Gespräch.

Wer sagt das? Kreuzen Sie an.

| | | *Kunde* | *Service-Mitarbeiterin* |
|---|---|---|---|
| a | Was kann ich für Sie tun? | ○ | ○ |
| b | Könnte ich bitte mit dem Kundenservice sprechen? | ○ | ○ |
| c | Ja, da sind Sie richtig. | ○ | ○ |
| d | Würden Sie mir das bitte erklären? | ○ | ○ |
| e | Sie können auch alle Informationen in der Gebrauchsanweisung finden. | ○ | ○ |
| f | Nichts zu danken. | ○ | ○ |
| g | Wenn Sie noch Fragen haben, rufen Sie einfach noch einmal an. | ○ | ○ |

# Grammatik und Kommunikation

## Grammatik

### 1 Temporale Präpositionen: *vor, nach, bei, in* + Dativ ÜG 6.01

| Wann? | | | | Plural |
|---|---|---|---|---|
| vor | • dem Kurs | • dem Training | • der Hausübung | • den Tests |
| nach | • dem Kurs | • dem Training | • der Hausübung | • den Tests |
| bei | ⚠ • beim Kurs | ⚠ • beim Training | • der Hausübung | • den Tests |
| in | • einem Monat | • einem Jahr | • einer Woche | • drei Jahren |

Ihr Montag: Ergänzen Sie Ihre Termine und schreiben Sie Sätze mit *vor*, *bei* und *nach*.

**Montag**
09.00
10.00
11.30 Hörtest
12.00 Mittagessen

Vor dem Mittagessen mache ich einen Hörtest.

### 2 Temporale Präpositionen: *bis, ab* ÜG 6.01

Wie lange ...? Bis morgen / Montag / siebzehn Uhr / nächste Woche.
Ab wann ...? Ab morgen / Montag / siebzehn Uhr.

### 3 Höfliche Aufforderung: Konjunktiv II ÜG 5.17

| | Position 2 | | Ende |
|---|---|---|---|
| Könnten | Sie | mir bitte | helfen? |
| Würden | Sie | mir bitte das Geld | zurückgeben? |
| Könntest | du | mir bitte | helfen? |
| Würdest | du | mir bitte das Geld | zurückgeben? |

## Kommunikation

**KUNDENSERVICE:** Was kann ich für Sie tun?

*Was kann ich für Sie tun?* — *Könnte ich bitte mit dem Kundenservice sprechen? Mein Herd funktioniert nicht / ist (schon wieder) kaputt.*

*Ja, da sind Sie richtig.*

*Was für ein Modell ist es? Bringen Sie das Gerät bitte vorbei.* — *Ein ... Ich habe noch ... Monate Garantie.*

*Wann kann der Techniker kommen?* — *In einer Stunde ist er bei Ihnen.*

*Wie lange brauchen Sie für die Reparatur?* — *Tut mir leid, das kann ich noch nicht sagen.*

*Bis wann können Sie das Gerät reparieren?* — *Bis morgen. Sie können ... ab ... Uhr abholen.*

*Wenn Sie noch Fragen haben, rufen Sie bitte an.*

Sie rufen beim Kundenservice an. Schreiben Sie ein Gespräch.

◦ Grüß Gott. Mein Name ist ...
• Was kann ich für Sie tun?
◦ Mein ... funktioniert nicht ...

**UM ETWAS BITTEN:** Könnten Sie mir bitte helfen?

*Könnten Sie mir bitte helfen?*
*Ich brauche dringend Hilfe.*
*Würden Sie bitte heute noch die Rechnung bezahlen?*
*Würden Sie mir das bitte erklären?*

*Natürlich. / Ja, gern. / Nein, das geht leider gerade nicht. Ich muss erst …*
*Nichts zu danken.*

**ANSAGE FÜR DIE MAILBOX:** Wir rufen zurück.

*Sie sind verbunden mit dem Anschluss von …*
*Da ist der Anschluss von …*
*Im Moment sind wir / bin ich nicht erreichbar.*
*Sie erreichen uns/mich unter der Nummer …*
*Sprechen Sie bitte Ihren Namen und Ihre Telefonnummer nach dem Ton.*
*Bitte hinterlassen Sie eine Nachricht.*
*Wir rufen / Ich rufe zurück.*
*Bitte rufen Sie später noch einmal an.*

**AUF DIE MAILBOX SPRECHEN:** Da ist Susanne Bliminger.

*Da spricht/ist …*
*Bitte rufen Sie zurück unter …*
*Bitte rufen Sie uns/mich an.*
*Meine Nummer ist …*
*Vielen Dank und auf Wiederhören!*

Bitten Sie …
… Ihre Lehrerin / Ihren Lehrer:
Würden Sie mir das bitte erklären?
… Ihre Chefin / Ihren Chef:
… Ihre Ärztin / Ihren Arzt:
… eine Verkäuferin / einen Verkäufer:

## Lernziele

Ich kann jetzt …

A … Tagesabläufe beschreiben:
*Vor der Mittagspause mache ich Reparaturen.* ☺ 😐 ☹

B … Zeitangaben machen:
*in einer Woche; ab heute; bis morgen* ☺ 😐 ☹

C … im Alltag höflich um etwas bitten:
*Könnten Sie mir helfen? Würden Sie bitte …?* ☺ 😐 ☹

D … Nachrichten und Ansagen am Telefon verstehen:
*Sie sind verbunden mit dem Anschluss …* ☺ 😐 ☹

E … Service-Anzeigen und Gebrauchsanweisungen verstehen und bei einem Kundenservice um Hilfe bitten: *Könnte ich bitte mit dem Kundenservice sprechen?* ☺ 😐 ☹

Ich kenne jetzt …

5 Wörter zum Thema *Kundenservice*:
die Garantie, …

5 Wörter zur Telekommunikation:
wählen, …

SPIEL

## Geschäftsideen

Eine Dienstleistung? Ein Geschäft?
Was kann ich anbieten? ... Jeder ist anders, jeder kann etwas. Genau darum geht es in diesem Spiel.

**1** Ihre Geschäftsidee. Arbeiten Sie zu dritt.
Was können Sie?
Jede/r schreibt einen Zettel für sich.

> Mein Name: Oleg Sicinski
> Meine Hobbys sind: Fußball spielen, Basketball spielen
> Das kann ich (sehr) gut: Computer reparieren, Drinks mixen, zuhören
> Meine Geschäftsidee:
> Bar oder Klub nur für Sportfans

**2** Was können die anderen? Was meinen Sie? Schreiben Sie Zettel für die beiden anderen in Ihrer Gruppe.

> Name: Tilda; Hobbys: backen, ...
> kann (sehr) gut: mit Menschen sprechen, ...
> Geschäftsidee: ...

**3** Vergleichen Sie jetzt alle Zettel. Zu wem passt welche Geschäftsidee am besten? Entscheiden Sie in der Gruppe.

ÖSTERREICH-SPEZIAL

## So ist es bei uns 

Wie sagt man in Ihrem Kursort? Markieren Sie.

a Mein Herd  ist kaputt / ist hin / geht nicht mehr / funktioniert nicht.

b Man kann den Herd nicht mehr normal einschalten / aufdrehen.

c Ich habe bei der Firma angerufen.
Das Kundenservice / Der Kundenservice war leider sehr unfreundlich. 

d Jetzt bin ich wirklich sauer / grantig / ....

ÖSTERREICH-SPEZIAL

# Informationen für MigrantInnen in Österreich

A

Sie sind hier: Familie > Kinder > *Kinderbetreuung*

**Sie suchen eine gute Betreuung für Ihr Kind?** Auf dieser Seite informieren wir Sie über die Kinderbetreuung in unserer Gemeinde. Zuerst einmal möchten wir Ihnen und Ihrem Kind aber gratulieren! Zusammen sind Sie eine Familie. Von Ihnen bekommt Ihr Kind das Allerwichtigste für sein Leben: Liebe. Aber Ihr Kind braucht noch mehr. Zum Beispiel soll es früh, schnell und gut Deutsch lernen. Besonders gut lernt es die Sprache in einer guten Betreuungseinrichtung, zusammen mit Kindern aus Österreich. Zum Beispiel in der Kinderkrippe, im Kindergarten oder im Hort. Aber denken Sie daran: Man muss sich schon bald anmelden!

B

Sie sind hier: Familie > Kinder > Kinderbetreuung > *Beispiele aus unserer Gemeinde*

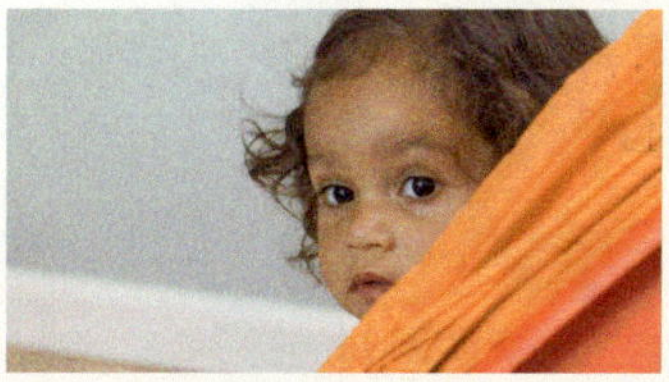

**BIS DREI JAHRE**

**Tagesmutter oder Tagesvater**
Informationen unter:
03612 / 100 220 888
**Kinderkrippe:**
03612 / 387 63 99

**AB DREI JAHREN BIS ZUR SCHULE**

**Kindergarten „Regenbogen“**
03612 / 98 22 277
**Kindertagesstätte „Die Igel“**
03612 / 97 85 521

**AB DEM SCHULALTER**

**Mittagsbetreuung „St. Florian“**
03612 / 98 12 12 87
**Hort in der Margaretenschule**
03612 / 97 56 566
**KLARO – Hilfe bei der Hausübung**
03612 / 98 98 146

**1** Lesen Sie Text A. Kreuzen Sie an.

a Was bedeutet „Kinderbetreuung“?
- ○ Das Kind ist in der Familie. Dort bekommt es viel Liebe.
- ○ Das Kind ist zusammen mit anderen Kindern in einer Einrichtung, z. B. in einem Kindergarten.

b Wo lernen Kinder mit Migrationshintergrund gut Deutsch?
○ Daheim. ○ In einer Kinderkrippe oder im Kindergarten.

**2** Lesen Sie Text B. Wer ruft wo an? Notieren Sie eine Telefonnummer.

a Alisa und ihr Mann arbeiten den ganzen Tag. Ihr Sohn ist ein Jahr alt. Sie haben keinen Platz in der Kinderkrippe bekommen. 03612/100 220 888

b Nanas Tochter Anna (15) hat oft Probleme mit der Hausübung. Nana kann Anna nicht helfen. ..................

c Kemal und Ayşe haben vier Kinder. Drei gehen schon in die Schule. Nur Ali (4) ist noch daheim. Er spricht noch nicht so gut Deutsch wie seine Geschwister. .................. oder ..................

# Neues Gewand

Folge 13: Ganz schön kalt heute!

**1 Schauen Sie die Fotos an. Was meinen Sie? Kreuzen Sie an.**

a Wem ist kalt?
Foto 1 ○ Lara ○ Tim
Foto 2 ○ Lara ○ Tim ○ Ioanna

b Fotos 3–6 Wo sind Lara, Tim und Ioanna? Was machen sie?
Sie sind in einem ○ Geschäft. ○ Supermarkt.
Sie kaufen eine Jacke  für ○ Lara. ○ Tim.

2 🔊 20–27

**2 Was meinen Sie? Welches Foto passt? Ordnen Sie zu. Hören Sie dann und vergleichen Sie.**

*Foto*

a ◯ Ich weiß nicht. Die ist doch zu groß!
b ◯ Ist das nicht die Jacke von Tim? Hast du denn keine?
c ◯ Schau einmal, Lara! Die Jacke da! Die ist super!
d ◯ ◆ Na, was sagt ihr jetzt? Ist der nicht schön?
● Ein Mantel?  Schade, ...

*Foto*

e ◯ ◆ Nimm doch so eine Regenjacke.
● Ist die nicht zu dünn?
f ◯ ◆ Was meinst du, Ioanna?
● Nein, die Farbe passt gar nicht zu dir.
g ◯ Ist das kalt heute!
h ◯ Wo bleibt Lara eigentlich?

2 🔊 20–27 **3 Lesen Sie und ergänzen Sie. Hören Sie dann noch einmal und vergleichen Sie.**

Lara, Tim und Ioanna gehen am ………………… in die Stadt.
Sie wollen eine ………………… für Lara ………………… .
Ioanna findet eine Jacke für Lara. Lara sagt: Die Jacke ist zu weit !
Auch Tim findet eine Jacke für Lara. Aber Lara findet die Jacke nicht schön. Zum Schluss kauft Lara allein einen blauen ………………… .

**4 Ihre Lieblingsjacke / Ihr Lieblingsmantel**
Zeigen Sie ein Foto.

- ◆ Das ist meine Lieblingsjacke.
- ○ Sie schaut super aus. Die Farbe ist schön!

• das Gewand = • die Kleidung

# A Schau einmal, **die Jacke** da! **Die** ist super!

Homework

## A1 Laras Gewand

Wie heißen die Kleidungsstücke?
Ordnen Sie zu.

| | |
|---|---|
| (J) • die Bluse | (B) • die Jacke |
| (I) • das T-Shirt | (N) • die Schuhe |
| (C) • die Hose | (K) • der Rock |
| (A) • der Mantel | (D) • das Kleid |
| (L) • die Stiefel | (M) • der Gürtel |
| (H) • der Pullover | (E) • die Socken |
| (G) • das Tuch | |
| (F) • die Jean / • Jeans | |

## 2 🔊 28–29 A2 Lara beim Einkaufen. Hören Sie und ergänzen Sie.

Die Jacke

• die Sonnenbrille

Die Schuhe

Die Stiefel

Das Kleid

• das Hemd

• der Schirm

• der Anzug

Der Gürtel

1

- ◆ Schau einmal, die Jacke da! Die ist super!
- ○ Ja, die ist wirklich schön! Und das Hemd, das ist auch super! Und der Anzug da! Den gefällt Tim sicher! Und die Sonnenbrille auch!
- ◆ Ja, die ist nicht schlecht! Und schau einmal, der Gürtel! Der ist ja cool!
- ○ Aber die Schuhe da, die sind nicht so schön, oder?
- ◆ Ja, die sind fad und auch zu teuer!

2

- ◆ Wie findest du den Schirm?
- ○ ........ finde ich sehr schön.
- ◆ Und das Kleid?
- ○ Hm ..., ........ finde ich nicht so schön. Aber die Tasche! ........ finde ich super und auch günstig.
- ◆ Ja, stimmt! Und die Stiefel?
- ○ ........ finde ich auch fesch!

| | | |
|---|---|---|
| • der Gürtel | → Der | |
| • das Hemd | → Das | ist schön. |
| • die Jacke | → Die | |
| • die Schuhe | → Die | sind schön. |

| | | |
|---|---|---|
| • den Schirm | → Den | |
| • das Kleid | → Das | finde ich super. |
| • die Tasche | → Die | |
| • die Stiefel | → Die | |

## A3 Wie finden Sie das? Schauen Sie die Fotos in A2 an und sprechen Sie.

*Wie findest du den Anzug?*

*Den finde ich sehr schön. Und schau einmal ...*

## 2 30 B1 Was sagt Ioanna, was sagt Tim?

Verbinden Sie. Hören Sie dann und vergleichen Sie.

*Super, die Jacke passt dir perfekt!*

*Ich weiß nicht. Die ist doch zu groß.*

Ioanna

Tim

*Mir gefällt sie nicht.*

*Also, mir gefällt sie sehr gut.*

| | | |
|---|---|---|
| | | mir. |
| | | dir. |
| • Die Jacke | gefällt/passt | ihm/ihr. |
| • Die Jacken | gefallen/passen | uns. |
| | | euch. |
| | | ihnen/Ihnen. |

## 2 31–32 B2 Wie gefällt dir …?

**a** Hören Sie. Worüber sprechen die beiden Frauen? Kreuzen Sie an.

Susanne Johann

Sie sprechen über …

1 Susannes ○ T-Shirt. ○ Haare. ○ Stiefel. ○ Brille. ○ Rock.

2 Johanns ○ Mantel. ○ Hemd. ○ Hose. ○ Schuhe.

**b** Ergänzen Sie. Hören Sie dann noch einmal und vergleichen Sie.

ihr ~~dir~~ Mir ihm dir ihm

1

◆ Hast du Susannes Haare gesehen? Also, mir gefallen die nicht so gut, und dir?

○ ........ gefallen die auch nicht. Aber die Brille schaut cool aus. Die steht ........ richtig gut!

◆ Ich weiß nicht. Die ist doch viel zu groß!

2

◆ Wie gefällt ........ denn Johanns Mantel?

○ Der ist fesch. Der steht ........ richtig gut! Und wie findest du die Hose?

◆ Hm, die passt ........ nicht richtig, finde ich.

## B3 Im Kurs: Machen Sie Komplimente.

*Mir gefällt Ihr Pullover. Der steht Ihnen sehr gut!*

*Deine Schuhe gefallen mir sehr gut. Die Farbe ist auch sehr schön!*

*Oh, danke!*

*Der Pullover / Das Hemd / Die Hose steht/passt dir/Ihnen sehr gut.*
*Die Schuhe gefallen mir sehr gut.*

## B4 Sprechen Sie.

**a** Was wissen Sie über Österreich? Sammeln Sie und machen Sie eine Mindmap.

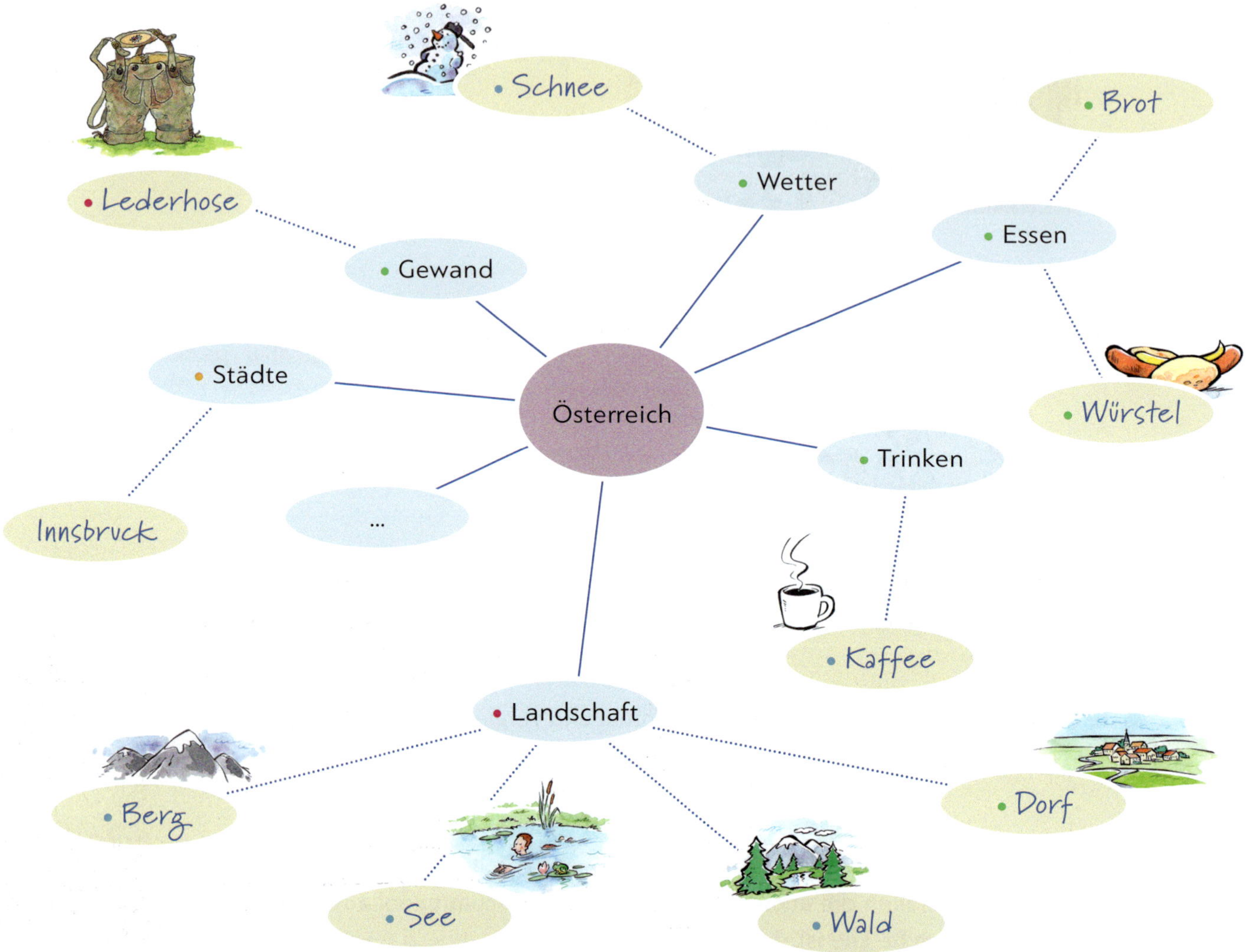


**b** Was gefällt Ihnen (nicht)? Was schmeckt Ihnen (nicht)? Sprechen Sie über Ihre Mindmap.

1
- ◆ Lech gefällt mir nicht so gut. Und dir?
- ○ Mir auch nicht. Im Winter ist es da so kalt.
- ▲ Mir schon. Mir gefallen die Berge.
- □ Ich war noch nie in Lech.

2
- ◆ Also, Würstel schmecken mir nicht.
- ○ Mir schon. Die schmecken wirklich gut!
- ▲ Ich habe noch nie Würstel gegessen.

*Mir gefällt/schmeckt ... Und dir/Ihnen?*
*Mir gefallen/schmecken ...*
*Mir gefällt/schmeckt ... nicht.*

*Mir auch. / Mir nicht.*
*Ich war noch nie ... / habe noch nie ...*
*Mir schon. / Mir auch nicht.*

**SCHON FERTIG?**
Was ist Ihre Lieblingsstadt? Schreiben Sie einen Text.

# C Und da: Die ist noch **besser**.

13

2 🔊 33 **C1 Ergänzen Sie. Hören Sie dann und vergleichen Sie.**

am besten ~~gut~~ besser

◆ Ein Mantel? Schade ... Wir haben fesche Jacken gefunden.
○ Ja, genau!
◆ Da, die ist doch wirklich gut, oder?
○ Und da, die ist noch .................................
▲ Ja, das kann schon sein. Aber mein Mantel, der steht mir .................................!

| ☺ | ☺☺ | ☺☺☺ |
|---|---|---|
| gut | besser | am besten |

## C2 Ein Weltrekord

**a** Schauen Sie das Foto an. Was meinen Sie? Was ist der Rekord von Christian Adam?

1 ○ Er kann am besten Geige spielen.
2 ○ Er kann am besten Rad fahren.
3 ○ Er kann am besten rückwärts Rad fahren und dabei Geige spielen.

| rückwärts | vorwärts |
|---|---|
| ← | → |

**b** Lesen Sie und ergänzen Sie.

### WELTREKORD IM „FAHRRAD-RÜCKWÄRTS-GEIGEN"

Diesen Rekord macht Christian Adam so schnell keiner nach! Christian Adam ist am Sonntag 113 km mit dem Rad gefahren. „Na und? Rad fahren ist doch nicht schwer. Das kann ich auch!", denken Sie jetzt vielleicht. Aber können Sie auch rückwärts fahren und dabei Geige spielen? Das kann Adam sicher besser und genau das hat er auch gemacht – 113 km lang.

Wer ist dieser Christian Adam? Er ist Musiker von Beruf. In seiner Freizeit fährt er gern Fahrrad. Noch lieber spielt er Geige. „Aber am liebsten mache ich beides zusammen: Rad fahren und Geige spielen", meint Adam. Das trainiert er jeden Tag: „Ich spiele viel Geige, fahre noch mehr Rad, aber am meisten trainiere ich natürlich beides zusammen." Christian Adam ist sehr zufrieden: Mit diesem interessanten und lustigen Rekord im „Fahrrad-Rückwärts-Geigen" ist er ins Guinness-Buch der Rekorde gekommen. Na dann, herzlichen Glückwunsch!

1 Was macht Christian Adam in seiner Freizeit ...

| ... gern? | ... lieber? | ... am liebsten? |
|---|---|---|
| Rad fahren | ..................... | ..................... |

2 Was trainiert Christian Adam ...

| ... viel? | ... mehr? | ... am meisten? |
|---|---|---|
| Geige spielen | ..................... | ..................... |

| ☺ | ☺☺ | ☺☺☺ |
|---|---|---|
| gern | lieber | am liebsten |
| viel | mehr | am meisten |

## C3 Wer ist das?

Notieren Sie auf einem Zettel:
Was essen Sie gern/lieber/...? Was können Sie gut/besser...?
Was machen Sie in der Freizeit viel/mehr/...?
Sammeln Sie die Zettel und lesen Sie sie vor.
Die anderen raten: Wer ist das?

Ich esse gern Würstel. Aber noch lieber esse ich Salat. Am liebsten esse ich Spaghetti.

# D Welche meinst du? – Na, diese.

which

2 🔊 34 **D1 Was sagen Ioanna und Tim? Hören Sie und ordnen Sie das Gespräch.**

4 ◆ Soll das ein Witz sein? Die ist ja total fad.
3 ○ Na, diese.
2 ◆ Welche denn? Welche meinst du?
1 ○ Da, schau einmal! Die Jacke gefällt ihr sicher.

| | | | |
|---|---|---|---|
| • Welcher Mantel | gefällt | dir/ihr/...? | Dieser. |
| • Welches Hemd | | | Dieses. |
| • Welche Jacke | | | Diese. |
| • Welche Schuhe | gefallen | dir/ihr/...? | Diese. |

## D2 Was gehört wem?

**a** Schauen Sie die Fotos an, zeigen Sie und sprechen Sie mit Ihrer Partnerin / Ihrem Partner.

Thomas

Sonja

Anna

Michi

den Koffer

die Schuhe

das Fahrrad

die Tasche

◆ Was meinst du: Welcher Koffer gehört Michi?
○ Ich glaube, dieser da. Und wem gehört dieser Koffer?
◆ Ich denke, dieser hier gehört Sonja.
○ Nein, das glaube ich nicht. Dieser hier gehört ihr.

hear

**b** Welche Sachen in a finden Sie schön?

◆ Welchen Koffer findest du schön?
○ Diesen hier. Und du?
◆ Ich finde diesen da schön.

| | | |
|---|---|---|
| • Welchen Koffer | findest du schön? | Diesen. |
| • Welches Fahrrad | | Dieses. |
| • Welche Tasche | | Diese. |
| • Welche Schuhe | | Diese. |

## D3 Schreiben Sie fünf Fragen und fragen Sie Ihre Partnerin / Ihren Partner.

Welchen Wochentag magst du am liebsten?
Welches Buch magst du am liebsten?
Welche Musik magst du gern?
Welcher Film gefällt dir?
...

| | |
|---|---|
| ich | mag |
| du | magst |
| er/sie | mag |

# E Im Kaufhaus

## E1 Entschuldigung, wo gibt es ...?

| City Arkaden | | |
|---|---|---|
| **Untergeschoß** | **Erdgeschoß** | **Obergeschoß** |
| Sport | Drogerie / Kosmetik | Herrenmode |
| Fahrräder | Uhren und Schmuck | Kindermode |
| Elektrogeräte | Bücher/Zeitschriften/ Schreibwaren | Damen-, Herren- und Kinderschuhe |
| Lampen | Taschen | Spielzeug |
| Glas und Geschirr | Damenmode | Bad & Wellness |
| Bettzeug | Young Fashion Damen | Eingang Restaurant |

**a** Was antwortet die Frau an der Information? Notieren Sie Antworten.

1 Entschuldigen Sie bitte, ich suche Stiefel. Wo gibt es die? Wissen Sie das vielleicht?
2 Entschuldigung. Ich brauche Papier für meinen Drucker.
3 Ich möchte ein Spiel für meine Tochter kaufen. Wo finde ich das?
4 Wo gibt es Fußbälle? Wissen Sie das?
5 Ich finde das Kindergewand nicht.

1 Da müssen Sie ins Obergeschoß gehen.

*Da müssen Sie ins Obergeschoß/... gehen.*
*Das/Die finden Sie / sind / gibt es im ...*

**b** Was brauchen Sie und wo finden Sie das? Sprechen Sie mit Ihrer Partnerin / Ihrem Partner.

◆ Ich brauche eine Bluse. Wo gibt es denn hier Blusen? Weißt du das?
○ Ja, im Erdgeschoß. Ich muss auch noch Seife, eine Zahnbürste und Zahnpasta kaufen. Wo finde ich die? ...

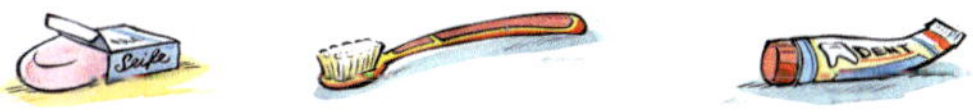

## 2 ◀)) 35 E2 Lesen Sie und hören Sie dann. Welche Fragen stellt der Kunde? Markieren Sie.

Entschuldigung, können Sie mir bitte helfen? Ist diese Hose nicht zu klein?
Haben Sie die Hose auch in Größe 52? Welchen Pullover soll ich anziehen?
Haben Sie den Pullover auch in Rot? Ist die Größe so richtig?
Was kostet denn dieser Pullover? Wo ist denn die Kassa, bitte?

## E3 Was sagen Sie im Kaufhaus? Hilfe finden Sie in E2.

Sie haben eine Jacke anprobiert. Sie ist blau. Sie mögen Grün lieber.

Sie haben einen Mantel in Größe M anprobiert. Der ist zu klein.

Sie haben zwei Hosen anprobiert. Sie wollen aber nur eine kaufen. Sie wissen nicht welche.

## Grammatik

### 1 Demonstrativpronomen: *der, das, die* ÜG 3.04

| | Nominativ | | Akkusativ | |
|---|---|---|---|---|
| • der Gürtel | Der | ist schön. | Den | finde ich fesch. |
| • das Hemd | Das | | Das | |
| • die Jacke | Die | | Die | |
| • die Schuhe | Die | sind schön. | Die | |

### 2 Frageartikel: *welcher?* – Demonstrativpronomen: *dieser* ÜG 3.04

| Nominativ | | Akkusativ | |
|---|---|---|---|
| • Welcher Mantel …? | Dieser. | • Welchen Mantel …? | Diesen. |
| • Welches Hemd …? | Dieses. | • Welches Hemd …? | Dieses. |
| • Welche Jacke …? | Diese. | • Welche Jacke …? | Diese. |
| • Welche Schuhe …? | Diese. | • Welche Schuhe …? | Diese. |

### 3 Personalpronomen im Dativ ÜG 3.01

| Nominativ | Dativ | Nominativ | Dativ |
|---|---|---|---|
| ich | mir | wir | uns |
| du | dir | ihr | euch |
| er/es | ihm | sie/Sie | ihnen/Ihnen |
| sie | ihr | | |

### 4 Verben mit Dativ ÜG 5.21

| | | |
|---|---|---|
| Der Mantel | gefällt | mir. |
| Das Hemd | steht | dir. |

*auch so:* gehören, passen, schmecken

### 5 Komparation: *gut, gern, viel* ÜG 4.04

| Positiv ☺ | Komparativ ☺☺ | Superlativ ☺☺☺ |
|---|---|---|
| gut | besser | am besten |
| gern | lieber | am liebsten |
| viel | mehr | am meisten |

### 6 Verb: Konjugation *mögen*

| | | | |
|---|---|---|---|
| ich | **mag** | wir | mögen |
| du | magst | ihr | mögt |
| er/es/sie | **mag** | sie/Sie | mögen |

Schreiben Sie Antworten wie im Beispiel.

a Gehört euch die Tasche?
b Gefällt euch das Fahrrad?
c Schmeckt dir der Käse?
d Steht mir das Kleid?
e Gefällt Eva der Schirm?
f Schmeckt Jakob die Wurst?

a Ja, die gehört uns.

**TIPP**

Lernen Sie diese fünf Verben mit Dativ auswendig:
gefallen – gehören – passen – stehen – schmecken

Schreiben Sie.
Wer in Ihrer Familie / von Ihren Freunden isst viel, wer mehr, wer am meisten?

Meine Mutter isst nicht viel, aber mein Vater schon. Mein Bruder isst noch viel mehr. Und am meisten esse ich ☺!

## Kommunikation

**ETWAS BEWERTEN:** Die Jacke passt dir perfekt.

*Die Jacke ist (sehr) schön / super / fesch / (sehr) günstig / nicht schlecht.*
*Die Schuhe sind (total) hässlich / fad / nicht (so) schön / (zu) teuer /...*

*Der Pullover gefällt/passt/steht mir/dir/Ihnen/... (richtig) gut.*
*Die Schuhe /... gefallen/passen/... mir/dir/Ihnen/... sehr gut.*

**VORLIEBEN:** Mir gefällt das Hemd.

*Mir gefällt/schmeckt ... (nicht) | Mir gefallen/schmecken ...*
*Mir gefällt / Ich finde ... gut / besser / am besten.*
*Ich mag/esse ... gern / lieber / am liebsten.*

| | |
|---|---|
| *Und dir/Ihnen?* | *Mir auch. / Mir nicht.*<br>*Mir schon. / Mir auch nicht.* |
| *Wie findest du den/das/die ...?*<br>*Wie gefällt dir ...?*<br>*Ja, stimmt.* | *Den/Das/Die finde ich ...* |
| *Welchen Koffer / Welches Fahrrad / Welche Tasche findest du schön?* | *Diesen. / Dieses. / Diese.* |

**AN DER INFORMATION:** Entschuldigen Sie bitte, ich suche Stiefel.

*Entschuldigen Sie bitte, ich suche Schuhe. Wo gibt es die?*
*Wissen Sie das vielleicht? | Wo finde ich ...? | Ich finde ... nicht.*

*Da müssen Sie ins Erdgeschoß / ins Obergeschoß ... gehen. |*
*Die finden Sie / sind / gibt es im ...*

**GEWAND KAUFEN:** Haben Sie die Hose auch in Größe 52?

*Ist diese Hose nicht (viel) zu klein / zu lang / ...? | Haben Sie den Pullover / die Hose auch in Größe ... / in Rot? | Ist die Größe so richtig? | Was kostet denn ...? | Wo ist denn die Kassa, bitte?*

Suchen Sie Fotos oder Bilder in den Lektionen. Wie finden Sie die Sachen/Leute? Schreiben Sie.

*Die Berge finde ich schön!*

## Lernziele

Ich kann jetzt ...

**A** ... Kleidungsstücke benennen und sagen: Das gefällt mir (nicht):
*Die Jacke da! Die ist super!* ☺ 😐 ☹

**B** ... sagen: Das gefällt/schmeckt mir (nicht):
*Deine Schuhe gefallen mir sehr gut.* ☺ 😐 ☹

**C** ... über Vorlieben sprechen und etwas bewerten:
*Mein Mantel steht mir am besten.* ☺ 😐 ☹

**D** ... Gegenstände auswählen:
*Welchen Koffer findest du schön? – Diesen da.* ☺ 😐 ☹

**E** ... mich im Kaufhaus orientieren und um Hilfe oder Rat bitten:
*Entschuldigen Sie bitte, ich suche Stiefel. Wo gibt es die?* ☺ 😐 ☹

Ich kenne jetzt ...

**10 Kleidungsstücke:**
*der Mantel, ...*

**5 Gegenstände:**
*der Schirm, ...*

HÖREN

## Männer mögen Mode

2 36–39 **1** Über wen sprechen die beiden Frauen? Hören Sie und ordnen Sie zu.

| Gespräch | 1 | 2 | 3 | 4 |
|---|---|---|---|---|
| Mann | D | | | |

**2** Männermode: Welches Model bekommt in Ihrem Kurs die meisten Punkte? Jeder darf einen Plus- und einen Minuspunkt vergeben.

| | Model A | Model B | Model C | Model D |
|---|---|---|---|---|
| Pluspunkte | 𝍸 | | | |
| Minuspunkte | IIII | | | |
| Endergebnis | +1 | | | |

PROJEKT

## *Meine Topmodels*

Wie sollen Ihre „Topmodels“ ausschauen? Zeichnen Sie zwei Figuren. Welche Haarfarbe sollen sie haben? Und vor allem: Welches Gewand und welche Schuhe sollen sie anziehen? Sicher haben Sie schon eine Idee.
Mit Bleistift und Farbstiften geht das ruck-zuck.
Also dann: viel Spaß!

Geben Sie dem Mann und der Frau einen Vornamen. Stellen Sie dann Ihr „Model“ im Kurs vor. Schauen Sie zum Schluss alle „Models“ noch einmal an.
Welches gefällt Ihnen am besten? Warum?

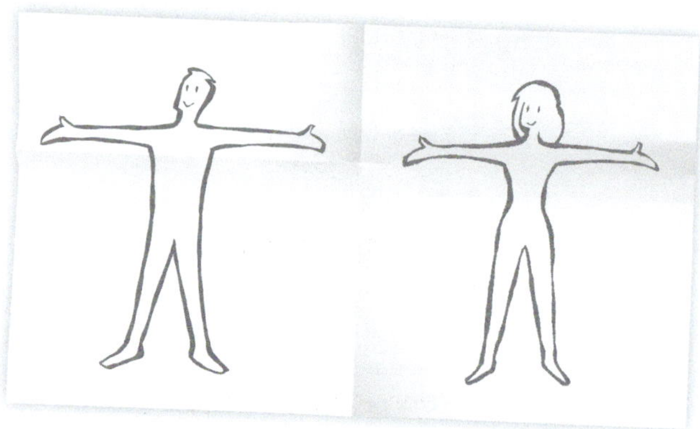

*Das ist Orhan. Orhan mag am liebsten T-Shirts und Jeans. Und das ist seine Freundin Mia. Diese Bluse steht ihr besonders gut.*

ÖSTERREICH-SPEZIAL

# Rund ums Gewand

1 Wer sagt was? Lesen Sie die Sätze und ordnen Sie zu.

| | Verkäuferin | Kundin/Kunde |
|---|---|---|
| a Haben Sie die Jacke auch in Blau? | ○ | ○ |
| b Danke, ich möchte nur schauen. | ○ | ○ |
| c Wie passt Ihnen der Rock? | ○ | ○ |
| d Ich habe Größe 38. | ○ | ○ |
| e Ich bringe für Sie alles zur Kassa. | ○ | ○ |
| f Kann ich Ihnen helfen? | ○ | ○ |

2 40 2 Hören Sie und kreuzen Sie an.

a Die Frau sucht Kleidung für
- ○ ihren Mann.
- ○ ihre Tochter
- ○ ihren Sohn.

b Sie braucht
- ○ Größe 164.
- ○ Größe 146.
- ○ keine bestimmte Größe.

c Die Hose
- ○ ist zu kurz.
- ○ hat eine schöne Farbe.
- ○ hat keine schöne Farbe.

d Die Verkäuferin zeigt der Frau
- ○ ein Leiberl in Rot.
- ○ eine Jacke in Rot.
- ○ eine Hose in Blau.

e 30 Prozent Rabatt gibt es
- ○ für die Hose.
- ○ für das Leiberl.
- ○ für das Leiberl und die Hose gemeinsam.

f Die Frau kauft
- ○ noch eine Jacke.
- ○ noch eine Badehose.
- ○ nichts mehr.

- das Leiberl =
- das T-Shirt

3 Was glauben Sie: Was bedeuten die Redewendungen? Ordnen Sie zu.

a Gegen Sabine hast du kein Leiberl!

b Sabine hat daheim die Hosen an.

c Sabine macht sich auf die Socken.

1 Es ist spät. Sabine muss jetzt schon gehen.

2 Sabine ist echt super und gewinnt immer, zum Beispiel beim Spielen.

3 Sabine ist zu Hause der Chef. Ihr Mann macht alles, was Sabine sagt.

# Feste

## Folge 14: Ende gut, alles gut

**1 Schauen Sie die Fotos an.**

a Was meinen Sie? Sprechen Sie.

– Wer hat Geburtstag?
– Wer schenkt die Patschen?
– Wer schenkt den Hula-Hoop-Reifen?
– Foto 5 Warum schauen alle traurig aus?
– Foto 7 Was erzählt Tim?

2 41–48 b Hören Sie dann und vergleichen Sie.

2 45–48 **2 Was ist richtig? Hören Sie noch einmal und kreuzen Sie an.**

a Die Freunde feiern heute nicht nur Geburtstag. Sie feiern auch
○ Abschied: Lara und Tim fahren bald heim. ○ Sofias neuen Job.

b Für Walter ist Lara wie eine ○ Schwester. ○ Tochter.

c Tim ○ beginnt eine Ausbildung in Kanada. ○ arbeitet bald in einem Hotel in Österreich.

2

3

4

7

8

## 3 Geburtstagswünsche. Was sagt man? Markieren Sie.

Ich wünsche dir viel Glück und Freude! | Vielen Dank. | Alles Liebe/Gute zum Geburtstag! | Ich wünsche dir vor allem Gesundheit. | Gute Besserung. | Alles Gute! | Gut gemacht! | Herzlichen Glückwunsch! | (Ich) Gratuliere!

## 4 Ende gut, alles gut.

Was machen Sie nach dem Deutschkurs? Wissen Sie das schon? Erzählen Sie.

*Ich mache noch einen Deutschkurs.*

*Ich glaube, ich mache eine Pause und besuche meine Eltern in Rumänien.*

*Ich habe einen Job in einem Restaurant gefunden.*

# A Am **fünfzehnten** Jänner fange ich an.

2 🔊 49 **A1 Was ist richtig? Verbinden Sie. Hören Sie dann und vergleichen Sie.**

a Heute — fängt Tim mit der Arbeit an.
b Nächste Woche — ist Walters Geburtstag.
c Am dreißigsten November — ist der Deutschkurs zu Ende.
d Am fünfzehnten Jänner — fährt Lara heim.

| Wann? | | |
|---|---|---|
| 1.–19. | **-ten**: am ersten, zweiten, dritten, vierten, fünften, sechsten, siebten … | Jänner |
| ab 20. | **-sten**: am zwanzigsten, einundzwanzigsten … | Jänner |

**A2 Notieren Sie Ihren Geburtstag und machen Sie eine Geburtstagsschlange.**

◆ Wann hast du Geburtstag?
○ Am 13. März. Und du?
◆ Ich habe am 4. Jänner Geburtstag.
□ Ich bin am 19. Jänner geboren.
▲ Und ich habe am 11. Februar Geburtstag.

and siebenundzwanzigsten im Mai

| Winter | Sommer |
|---|---|
| Jänner<br>Februar<br>März | Juli<br>August<br>September |
| April<br>Mai<br>Juni | Oktober<br>November<br>Dezember |
| Frühling | Herbst |

**A3 Fest- und Feiertage: Lesen Sie die Texte. Was ist richtig? Kreuzen Sie an.**

A ☒ Am 14. Februar soll man Blumen kaufen.
B ○ Der Fasching dauert bis zum 12. Februar.
C ☒ Der erste Mai ist in Österreich kein Arbeitstag. (working day)

der erste, zweite, dritte … Mai
vom zwölften bis (zum) siebzehnten Februar

heuer = dieses Jahr

**A**

Schenken Sie Blumen!

Nicht vergessen:
Am 14. Februar ist Valentinstag.
Blumenstube Inge

**B**

**Fasching** – ALLE INFORMATIONEN ZU BÄLLEN, PARTYS UND GSCHNAS FINDEN SIE HIER!
Die letzte Faschingswoche ist heuer vom 12. bis zum 17. Februar – da geht's rund!

**C**

UMFRAGE
Der erste Mai heißt auch „Tag der Arbeit". Aber wir müssen nicht arbeiten. Machen Sie mit und schreiben Sie:
Was machen Sie an diesem Feiertag?

**A4 Feiert man in Ihrem Land auch Valentinstag, Fasching oder den ersten Mai? Erzählen Sie.**

*Ich kenne den Fasching nicht.*

*Ich mag den Fasching. Bei uns in Portugal heißt er „carnaval" und …*

# B Ich habe **dich** sehr lieb, Opa.

## B1 Hören Sie und ordnen Sie zu.

2 ◀)) 50–51

uns  mich  dich  dich

1
◆ Ich habe ………… sehr lieb, Opa.
○ Ich ………… auch.

2
○ Für ………… gehörst du jetzt zur Familie.
Du bist wie eine zweite Tochter für ………… .
▲ Ach, Walter, das ist so lieb.

Lili: „Ich habe dich sehr lieb, Opa."

| | |
|---|---|
| ich | mich |
| du | dich |
| er/es/sie | ihn/es/sie |
| wir | uns |
| ihr | euch |
| sie/Sie | sie/Sie |

für mich
für dich

## B2 Ergänzen Sie die Nachrichten.

1

Du, Andrej hat morgen Geburtstag. Wir brauchen ein Geschenk für ………… . Hast du eine Idee?

Er liest gern. Wir können ein Buch kaufen.

Okay. Kaufst du ………… ?

Ja, gut.

Danke, ich liebe ………… . ♥

2

Servus Christine! Wann besuchst du ………… wieder einmal?

Hallo Mama, hallo Papa, ich besuche ………… am Sonntag. Okay?

Schön. Die Tante Anni kommt auch.

Wirklich? Wunderbar! Ich habe ………… schon seit Wochen nicht gesehen.

## B3 Alles schon erledigt! Spielen Sie Gespräche.

◆ Du, ich muss noch den Tisch decken.
○ Ich habe ihn schon gedeckt.
◆ Oh, danke! Aber wir müssen noch …

- die Getränke kaufen
- die Pizza backen
- den Salat machen
- die Nachspeise machen
- das Bad putzen
- …

## B4 Um Hilfe bitten

**a** Notieren Sie mit Ihrer Partnerin / Ihrem Partner zwei „Probleme" und Bitten auf Kärtchen.

*Mein Laptop ist kaputt.*
*→ bitte reparieren?*

*Meine Bluse ist dreckig.*
*→ bitte waschen ?*

**b** Nehmen Sie ein Kärtchen. Gehen Sie im Kursraum herum. Bitten Sie um Hilfe. Tauschen Sie dann Ihr Kärtchen. Suchen Sie eine neue Partnerin / einen neuen Partner.

*Mein Laptop ist kaputt. Kannst du ihn bitte reparieren?*

*Nein, leider nicht. Meine Bluse. …*

# C Wir feiern Abschied, **denn** ...

2 52 **C1 Was ist richtig? Wissen Sie es noch? Kreuzen Sie an.**
Hören Sie dann und vergleichen Sie.

a Familie Baumann, Lara und Tim feiern Abschied,
- ○ denn Lara und Tim fahren nach dem Deutschkurs heim.
- ○ denn Lara muss ihre kranke Großmutter besuchen.

b Tim kommt bald zurück nach Österreich,
- ○ denn er beginnt eine Ausbildung.
- ○ denn er hat einen Job gefunden.

Sie feiern Abschied. Lara und Tim fahren heim.

Sie feiern Abschied, denn Lara und Tim fahren heim.

**C2 Lara und Tim organisieren eine Abschiedsfeier.**

a Wer kommt?
Kreuzen Sie an.

- ○ Ioanna
- ○ Frau Blaickner
- ○ Eduardo
- ○ Sibel
- ○ Pawel

Liebe Frau Blaickner, liebe Kurskolleginnen und Kurskollegen!
Nächste Woche ist der Deutschkurs zu Ende. Wir möchten das gern zusammen mit euch feiern. Und zwar am Freitag, 28. November, ab 18.30 Uhr in der Park-Bar.
Gebt bitte bis 25. November Bescheid.
Lara und Tim

Ioanna: Super Idee. Ich komme gern!

Barbara Blaickner: Liebe Lara, lieber Tim! Vielen Dank für die Einladung. Leider kann ich nicht kommen, denn ich habe am Abend noch einen Kurs.

Eduardo: Ich kann leider nicht mitkommen, denn mein Flug nach Hause geht schon am Freitag zu Mittag. Schade!

Sibel: Tut mir leid, aber ich habe keine Zeit. Ich bin Krankenschwester und am Freitag habe ich Nachtschicht.

Pawel: Danke für die Einladung! Ich bin dabei. Bis morgen im Kurs.

b Warum kommen die Personen nicht? Markieren Sie in a und schreiben Sie.

1 *Barbara* kommt nicht, denn sie ............................................................ .
2 .................... kommt nicht, denn sein ............................................................ .
3 .................... kommt nicht, denn sie ............................................................ .

**C3 Warum können Sie nicht zur Abschiedsfeier kommen?**
Schreiben Sie eine Nachricht an Lara und Tim. Tauschen Sie die Nachricht dann mit Ihrer Partnerin / Ihrem Partner. Sie/Er korrigiert.

# D Einladungen



## D1 Lesen Sie und ordnen Sie zu.

◯ Weihnachtsfeier (A) Geburtstag ◯ Kindergartenfest

| | | |
|---|---|---|
| ich | werde | |
| du | wirst | 30 |
| er/sie | wird | |

A

Liebe Karin,

am Donnerstag werde ich **30**!
Das müssen wir feiern.
Ich lade dich zu meiner Party ein.

Kannst du kommen?
Ich würde mich freuen.
Viele Grüße
Lisa

**Wann:** Samstag, 19. August, ab 19 Uhr
**Wo:** Bei mir zu Hause
**Mitbringen:** gute Laune

B

**Einladung zum Sommerfest im Kindergarten Regenbogen**

Termin: Samstag, 16. Juni, 14.00 Uhr

mit Kinderflohmarkt, Spielen, Kinderschminken und Tombola, Kuchenbuffet, Würstel ...

Wir laden euch alle herzlich zu diesem Fest ein. Hoffentlich könnt ihr kommen!

Das Kindergarten-Team

C

E-Mail senden

Liebe Mitarbeiterinnen und Mitarbeiter,
auch dieses Jahr möchten wir wieder mit Ihnen Weihnachten feiern: am 12. Dezember um 16.00 Uhr im Restaurant Lindenhof.
Wir freuen uns auf Ihr Kommen. Bitte melden Sie sich bis 1. Dezember an (sekretariat@wohlleben.at).
Mit freundlichen Grüßen
Gerhard Hintermayr

## D2 Laden Sie eine Freundin / einen Freund ein. Schreiben Sie eine Einladung.

Nennen Sie den Grund für die Einladung, das Datum, den Ort und die Uhrzeit. Bitten Sie um Antwort.

| | | |
|---|---|---|
| einladen | zu einer / zur | • Party |
| | zu einem / zum | • Geburtstag<br>• Grillfest |

| | | |
|---|---|---|
| Anrede | → | Liebe/Lieber ..., |
| Einladung | → | Ich habe Geburtstag. / Am ... werde ich ... (Jahre alt). / Ich möchte meinen Geburtstag feiern / ein Grillfest machen / ... und lade dich dazu ein. / Ich lade dich zu meiner Geburtstagsparty / zu meinem Geburtstag / zu einem Grillfest / ... ein. |
| Zeit/Ort | → | Wann: ... / Wo: ... |
| Frage/Bitte | → | Kommst du? / Kannst du kommen? Ich würde mich freuen.<br>Bitte antworte bis ... / Bitte gib bis ... Bescheid |
| Gruß | → | Viele/Liebe/Herzliche Grüße |

# E Feste und Glückwünsche

## E1 Was passt zu den Festen?

Ordnen Sie zu.

A
● das Feuerwerk

B
● das Christkind

C
● der Maibaum

D
● die Ostereier

| | Foto |
|---|---|
| Ostern | D, |
| Weihnachten | |
| Silvester/Neujahr | |
| Mai | |

E
● der Osterhase

F
● der Christbaum

## E2 Mein Lieblingsfest

**a** Was ist ihr/sein Lieblingsfest? Lesen Sie die Texte auf Seite 89 und verbinden Sie.

| | |
|---|---|
| 1 Mia | Silvester/Neujahr/Weihnachten |
| 2 Vladimir | Zuckerfest |
| 3 Pinar | Ostern |

**b** Lesen Sie noch einmal und korrigieren Sie.

1

a In Mias Familie gibt es zu Ostern ~~kein~~ Frühstück. ein

b Sie spielen ein Osterschinken-Spiel. ..........

c Nach dem Frühstück sucht Mia den Osterhasen. ..........

2

a In Russland feiert man Weihnachten am 25. Dezember. ..........

b Zu Weihnachten bekommen alle Geschenke. ..........

c Es gibt ein Christkind. ..........

3

a Das Zuckerfest beginnt am Ramadan. ..........

b Das Zuckerfest dauert drei Wochen. ..........

c Die Kinder bekommen Zucker. ..........

# Mein Lieblingsfest

1

MIA, 7

**Mein Lieblingsfest ist Ostern.** Am Ostersonntag machen wir immer ein Osterfrühstück. Da gibt es Osterschinken, Osterstriezel[1] und natürlich Ostereier. Die sind außen farbig und innen hart. Wir spielen dann immer „Eierpecken". Jeder bekommt ein Osterei und dann schlägt man die Eier gegeneinander: Peng, peng, peng![2] Sind am Ende alle anderen Eier kaputt und nur dein Ei nicht? Dann hast du gewonnen![3] Nach dem Frühstück gehen wir in den Garten und suchen unsere Ostereier. Oma sagt: Die hat der Osterhase versteckt. Aber das glaube ich nicht.

1 

2 

3 

2

VLADIMIR, 26

**Mein Lieblingsfest?** Silvester und Weihnachten finde ich sehr schön. In vielen Ländern feiert man Weihnachten ja am 24. oder 25. Dezember Bei uns Russen ist Weihnachten erst am 7. Jänner. So etwas wie Christbäume haben wir auch. Für uns sind das aber „Neujahrsbäume". Geschenke für alle gibt es bei uns am 31. Dezember. Da feiern wir das Jahresende und wünschen Glück für das neue Jahr. Zu Weihnachten (7. Jänner) bekommen dann nur die Kinder Geschenke. Das Christkind haben wir nicht. Bei uns gibt es „Väterchen Frost" und seine Enkelin „Snegurotschka"[4].

4 

3

PINAR, 38

**Mein Lieblingsfest ist „Şeker Bayramı"**, das ist Türkisch und heißt „Zuckerfest". Im Fastenmonat „Ramadan" dürfen Muslime nur in der Nacht essen und trinken. Wir freuen uns von Tag zu Tag immer mehr auf das Fastenende. Wir räumen dann unsere Wohnung besonders gut auf und machen alles ganz sauber. Das Zuckerfest beginnt am ersten Tag nach dem Ramadan und dauert drei Tage. Alle sind fröhlich[5]. Man zieht sich schön an und macht Besuche bei Freunden und Verwandten. Man kocht, bäckt und isst zusammen. Die Kinder bekommen Geschenke und Süßigkeiten.

5 

## E3 Welche Glückwünsche passen?

Schauen Sie die Karten an und ordnen Sie zu.

A

B

C

D

1 (B) Frohe Ostern! 2 ◯ Wir gratulieren zur Hochzeit. 3 ◯ Frohe Weihnachten!
4 ◯ Ein gutes neues Jahr!

## Grammatik

### 1 Ordinalzahlen: Datum ÜG 8.01

| 1.–19. → -te | | ab 20. → -ste | |
|---|---|---|---|
| 1. | der erste | 20. | der zwanzigste |
| 2. | der zweite | 21. | der einundzwanzigste |
| 3. | der dritte | ... | |
| 4. | der vierte | | |
| 5. | der fünfte | | |
| 6. | der sechste | | |
| 7. | der siebte | | |
| ... | | | |

**Wann?**

Am zweiten Mai.
Vom zweiten bis (zum) zwanzigsten Mai.

Welche drei Tage in Ihrem Leben sind besonders wichtig für Sie? Schreiben Sie.

*Der dreizehnte Juli ist wichtig für mich. Da habe ich meinen Mann kennengelernt. ...*

### 2 Personalpronomen im Akkusativ ÜG 3.01

| Nominativ | Akkusativ | Nominativ | Akkusativ |
|---|---|---|---|
| ich | mich | wir | uns |
| du | dich | ihr | euch |
| er/es/sie | ihn/es/sie | sie/Sie | sie/Sie |

für mich, dich ...

Wer? Wen oder was?
Ich liebe dich.

### 3 Konjunktion: *denn* ÜG 10.04

Sie feiern Abschied. Lara und Tim fahren heim.
Sie feiern Abschied, denn Lara und Tim fahren heim.

Wählen Sie ein Thema und schreiben Sie Sätze mit *denn*. Wie viele Sätze finden Sie in drei Minuten?

*Ich liebe Hunde, denn ... | Mein Lieblingsmonat ist der ..., denn ... | Ich liebe die Berge / das Meer, denn ...*

### 4 Verb: Konjugation ÜG 5.16

| werden | |
|---|---|
| ich | werde |
| du | wirst |
| er/es/sie | wird |
| wir | werden |
| ihr | werdet |
| sie/Sie | werden |

Wie alt wird Ihre Familie in diesem Jahr? Schreiben Sie und rechnen Sie.

Meine Mutter wird ............................ .
Meine Oma wird ............................ .
............................ .
............................ .

Zusammen werden wir ............................ Jahre alt.

## Kommunikation

**ÜBER JAHRESTAGE SPRECHEN:** Ich habe am 4. Jänner Geburtstag.

*Wann hast du Geburtstag?*
*Am 13. (dreizehnten) März. / Ich habe am 4. (vierten) Jänner Geburtstag. / Ich bin am 19. (neunzehnten) Jänner geboren.*

**GLÜCKWÜNSCHE:** Alles Gute!

*Alles Liebe/Gute (zum Geburtstag). | Herzlichen Glückwunsch (zum Geburtstag / ...)!/ Gratuliere! | Ich gratuliere / Wir gratulieren zur Hochzeit. / zur/zum ... | Ich wünsche dir viel Glück und Freude und Gesundheit. | Frohe Ostern! | Frohe Weihnachten!*
*(Ein) Gutes neues Jahr!*

**BRIEFE / E-MAILS SCHREIBEN:** Liebe Karin!

*Liebe/Lieber ..., | Viele/Liebe/Herzliche Grüße |*
*Mit freundlichen Grüßen*

**EINLADEN:** Ich lade dich/Sie ein.

*Ich habe Geburtstag. | Am ... werde ich ... (Jahre alt). | Ich möchte meinen Geburtstag feiern und lade dich/euch/Sie dazu ein. | Ich lade dich/euch/Sie zu meiner Geburtstagsparty / zu meinem Geburtstag ein.*
*Wir möchten ... gern zusammen mit dir/euch/Ihnen feiern.*

*Kommst du? / Kommt ihr? / Kommen Sie? | Kannst du / Könnt ihr / Können Sie kommen? Ich würde mich freuen. | Wir freuen uns auf viele Gäste. / Wir freuen uns auf dein/euer/Ihr Kommen.*

*Bitte antworte bis ... / antwortet bis ... / antworten Sie bis ... | Bitte gib / gebt / geben Sie Bescheid bis ... Bitte melden Sie sich bis ... an.*

**ZU- UND ABSAGEN:** Ich kann nicht kommen.

*Vielen Dank für die Einladung. | Ich komme gern! | Leider kann ich nicht kommen. | Ich kann leider nicht (mit-)kommen. | Tut mir leid, aber ich habe keine Zeit.*

In Österreich sagt man statt „Februar" manchmal auch „Feber".

Sie machen eine Silvesterparty. Schreiben Sie eine Einladung.

Liebe Caro,
ich möchte eine Silvesterparty machen ...

## Lernziele

Ich kann jetzt ...

**A** ... das (Geburts-)Datum nennen: *Ich habe am 4. Mai Geburtstag.* ______ ☺ 😐 ☹

**B** ... über Personen und Dinge sprechen: *Ich habe dich sehr lieb, Opa.*
... um Hilfe bitten: *Kannst Du ihn bitte reparieren?* ______ ☺ 😐 ☹

**C** ... eine Einladung zu- oder absagen und einen Grund nennen:
*Ich komme gern. / Ich kann leider nicht kommen, denn mein Flug geht am Freitag zu Mittag.* ______ ☺ 😐 ☹

**D** ... Einladungen lesen und schreiben:
*Liebe Karin, ich lade dich zu meiner Party ein.* ______ ☺ 😐 ☹

**E** ... Texte zum Thema „Mein Lieblingsfest" verstehen und gratulieren:
*Wir gratulieren zur Hochzeit.* ______ ☺ 😐 ☹

Ich kenne jetzt ...

**5 Wörter zum Thema *Feste*:**
Ostern, ...
______

**5 Glückwünsche:**
Alles Gute!, ...
______

QUIZ

## KRAPFEN  oder KARPFEN  ?

| | | | | | |
|---|---|---|---|---|---|
|  | 2<br>Wie lautet Ihre Postleitzahl? |  |  | 3<br>Wie fahren Sie in den Deutschkurs? |  |
| 2<br>Sagen Sie höflich: „Schalt das Licht ein!“ | 1<br>Wie heißt das Präteritum von „sein“?<br>ich war<br>du ... |  | 1<br><br>Es ist heiß.<br>Was tun Sie? | 2<br>Ein Freund hat Geburtstag.<br>Was sagen Sie? |  |
|  | 3<br>Was essen Sie gern?<br>☺ Ich esse gern ...<br>☺☺ Ich esse lieber ...<br>☺☺☺ Am ... | 2<br>Nennen Sie drei Kleidungsstücke (mit Artikel). |  | 2<br>Eine Freundin ist krank. Was sagen Sie? |  |
|  |  | **START und ZIEL** | | 1<br>Was isst man in Österreich zu Ostern? |  |
| 2<br>Ihr Auto hat ein Problem. Wohin fahren Sie? | 1<br>Was ist richtig?<br>a) Der Kaffee passt mir.<br>b) Der Kaffee schmeckt mir. | | |  |  |
| 3<br>Sie haben eine neue Wohnung in Österreich. Was müssen Sie ausfüllen? |  |  | 1<br>Was hat der Mann?<br> |  | 1<br><br>Es ist kalt.<br>Was tun Sie? |
|  |  | 1<br>Nennen Sie zwei österreichische Bundesländer. | 1<br><br>Was darf man hier nicht tun? | 2<br>Was macht ein Trafikant? |  |
|  | 1<br>Wo arbeitet Sofia? |  | 2<br>Was heißt ÖBB? |  |  |

## Spielanleitung

Spielen Sie in der Gruppe (2–3 Spieler).
Sie brauchen: 1 Würfel, 1 Spielfigur pro Person, 1 Zettel, 1 Stift.

Wer hat zuerst 15 Punkte und 5 Karpfen oder 5 Krapfen? Wer ist zuerst im Ziel?

Beginnen Sie bei „START".

Sie kommen auf ein Fragefeld:
Beantworten Sie die Frage.

- Richtige Antwort:
  Sie bekommen 1, 2 oder 3 Punkte.
- Falsche Antwort:
  Sie bekommen 0 Punkte.

Sie kommen auf ein Karpfen-/Krapfenfeld:
Sie haben 1 Karpfen/Krapfen gesammelt.

Achtung!

- Sie können nur Karpfen *oder* Krapfen sammeln.
- Jede Person bekommt für jedes Fragefeld nur 1x Punkte.
- Jede Person bekommt für jedes Karpfen-/Krapfenfeld nur 1x Karpfen oder Krapfen.
- Man darf nur vertikal ↕ und horizontal ↔ fahren. Man kann aber bei einem Spielzug 1x die Richtung ändern ↰. Man darf nicht 2x die Richtung ändern.

PROJEKT

## *Juhu! Fertig mit A1!*

Der A1-Deutschkurs ist nun fast zu Ende. Gemeinsam haben Sie viel gelernt und bald kommt etwas Neues, zum Beispiel der A2-Kurs? Aber vorher wollen Sie sicher noch einmal zusammen auf Ihre „A1-Zeit" zurückschauen. Hier sind zwei Ideen. Wählen Sie eine Idee. Arbeiten Sie zu zweit oder in Gruppen. Haben Sie eigene Ideen? Nur zu! Wir, das „Schritte-Team", sagen „Dankeschön für Ihre Mitarbeit!", wünschen Ihnen viel Spaß und Erfolg beim Weitermachen.

Idee 1:
Eine Wandzeitung mit Lieblingswörtern von allen Kursteilnehmerinnen und Kursteilnehmern.

a Sammeln Sie das deutsche Lieblingswort von jeder Person im Kurs und machen Sie damit eine Wandzeitung oder eine Computer-Präsentation.
b Stellen Sie das Ergebnis im Kurs vor.

Idee 2:
Eine Präsentation mit Fotos von den Kursteilnehmerinnen und Kursteilnehmern.

a Sammeln Sie Fotos von allen Personen im Kurs und machen Sie damit eine Wandzeitung oder eine Computer-Präsentation.
b Stellen Sie das Ergebnis im Kurs vor und ergänzen Sie gemeinsam die Informationen zu den Fotos (Name, Hobbys usw.).

# Quellenverzeichnis

## Kursbuch A1.1

Cover: © Strandperle/Naturbild AB; U2: Karte © Digital Wisdom S. 13: A © Thinkstock/Getty Images Entertainment/Francois Durand; B © PantherMedia/Mario Winkler; C © action press/Sport Moments; D © irisblende.de/Paul Müller S. 15: C4 links: Florian Bachmeier, Schliersee S. 16: D3: Frau © Thinkstock/iStockphoto/nyul; Mann © Thinkstock/Wavebreakmedia S. 17: E1: Stiefel © Thinkstock/iStock/Nataliya Kalabina; Hygieia Symbol © Thinkstock/iStock/Kreatiw; E2 © iStockphoto/krie S. 21: Ü1 alle: Alexander Keller, München; Ü2 © Digital Wisdom S. 22: Ben: Franz Specht, Weßling; Familie © Thinkstock/iStock/Andrea McLean S. 23: Paar © fotolia/goodluz; Ben: Franz Specht, Weßling; Familie © Thinkstock/iStock/Andrea McLean S. 25: Luise © Thinkstock/Stockbyte/Jupiterimages; Tobias © Thinkstock/Banana Stock S. 26: Familie © Thinkstock/iStock/Andrea McLean; Cheng © iStockphoto/bo1982; Navid © Thinkstock/iStock/XiXinXing; Owusu © Thinkstock/Photodisc/Ryan McVay S. 28: Windrose © fotolia/Ruediger Rau; E2 alle © fotolia/Sven Knie S. 29: A © Thinkstock/Hemera; B © Thinkstock/Stockbyte/Jupiterimages; C © fotolia/Yuri Arcurs; D © Thinkstock/iStock/Dmitry Maslov S. 36: A4 Notizzettel © Thinkstock/iStock/Peshkova S. 37: B3: a © fotolia/Zbigniew Kosmal; b © Thinkstock/iStock/Nomadsoul1; c © Thinkstock/iStock/nitrub; d © Thinkstock/iStock/red2000; e © Thinkstock/iStock/GooDween123; f © Bildunion/Martina Berg S. 38: Bananen © Thinkstock/iStock/Анна Курзаева; Illu Zwiebel © Thinkstock/iStock/AlenaRozova S. 39: Milch © fotolia/seen; Fisolen © Thinkstock/iStock/Norman Chan; Kaffee © Thinkstock/Hemera; Germstriezel © Thinkstock/Hemera; Bierdose, Schlagobers, Joghurt, Sauerrahm, Topfen, Bergkäse: Lukas Mayrhofer, Wien; Kartoffeln © fotolia/Denis Dryashkin; Tomaten © fotolia/Diorgi; Marillen © Thinkstock/iStock/Yasonya; Brötchen © Thinkstock/iStock/kgfoto; Almdudler © Almdudler; Rindsschnitzel © iStockphoto/karammiri; Rindsfaschiertes © Thinkstock/iStockphoto; Eier © Hueber Verlag S. 40: E1 © PantherMedia/Peter Bernik; E2a Wurst © fotolia/Wolfgang Mücke; E2b: Obst © Thinkstock/iStock/Amornism; Kuchen © Thinkstock/iStock/kanate; Fleisch © Thinkstock/iStock/milkal S. 41: Rudi © MEV; Kasnudeln © fotolia/Sonja Birkelbach; Lian © Thinkstock/iStock/naran; Jiaozi © fotolia/Maksim Shebeko; Oleg © Thinkstock/iStock/Daniel Ernst; Pelmeni © Thinkstock/iStock/Magone; Günay © Thinkstock/iStock/tolgaildun; Manti © PantherMedia/Gorkem Demir; Ravioli © fotolia/PhotoEd S. 43: Kuchen © Thinkstock/iStock/Inga Nielsen S. 44: Gemüse © Thinkstock/iStock; Tortilla © Thinkstock/iStock/Ramonespelt; Illu Zwiebel © Thinkstock/iStock/AlenaRozova; Illu Salzstreuer © Thinkstock/iStock/perysty S. 45: A, B, E © Thinkstock/iStockphoto; C © fotolia/diana2111; D © fotolia/kab-vision; F © fotolia/Günter Menzl S. 50: 1 © iStockphoto/domin_domin; 2 © Thinkstock/Photodisc/Ryan McVay; 3 links © iStockphoto; 3 rechts © fotolia/studio; 4 © Thinkstock/iStock/Oleksiy Mark; 5, 15 © Thinkstock/iStock/Baloncici; 6 links © iStockphoto/simonkr; 6 rechts ©Thinkstock/iStockphoto; 7 © Thinkstock/iStock/Anne-Louise Quarfoth; 8 © fotolia/Ericos; 9 © iStockphoto/perets; 10, 11, 14 © Thinkstock/iStock/Maksym Bondarchuk; 12 © Thinkstock/iStock/Malsveta; 13 © Thinkstock/iStock/annikishkin; 16 © Thinkstock/iStock/SirichaiAkkarapat S. 53: E2: Mann © Thinkstock/iStock/Decent-Exposure-Photography; Frau © Thinkstock/Getty Images/Jupiterimages; E3: Sofa © Thinkstock/iStock; TV © Thinkstock/Photodisc/Ryan McVay; Kühlschrank © Thinkstock/iStock/shutswis S. 56: links © Thinkstock/Top Photo Group; rechts © fotolia/david hughes S. 57: Das ist die Küche © Kraus Film, München S. 61: Uhr © iStockphoto/mevans S. 62: C2 © Thinkstock/Stockbyte S. 65: alle: Franz Specht, Weßling S. 69: Flagge Österreich © Thinkstock/Hemera; Uhr © iStockphoto/mevans; Franz © Thinkstock/iStock/Jevtic; S. 72: A2: 1 © Thinkstock/iStock/haveseen; 2 © Thinkstock/iStock/Wonderfulpixel; 3 © Thinkstock/iStock/snowflock; Windrose © fotolia/Ruediger Rau S. 76: D1: A © Thinkstock/Fuse; B © Thinkstock/iStock/bradleyhebdon; C © Thinkstock/iStock/dulezidar; D © Thinkstock/iStock/omgimages; E © fotolia/Gregg Dunnett; F © iStockphoto/small_frog; G © Thinkstock/Comstock; H © iStockphoto/Mlenny Photography; D3 © Thinkstock/iStock/Pierrette Guertin S. 77: Wolken © Thinkstock/Medioimages/Photodisc; Karim: Hintergrund © Thinkstock/iStock; Männer © fotolia/Ilan Rosen 2011 S. 80: Stadt © Thinkstock/iStock/LanceB; Wetter © Thinkstock/iStock/Wonderfulpixel S. 81: Maria und Hans © fotolia/EastWest Imaging; Theo © Thinkstock/Ingram Publishing; Herr Sommereder, Michael und Gabi © Thinkstock/iStockphoto; Christine © fotolia/Fotostudio Pfluegl; Martin © iStockphoto/NickS; Gerhard und Elfi © fotolia/Andrejs Pidjass; Frau Brandtner © fotolia/maeva's S. 85: B2: A © Thinkstock/Comstock; B © Thinkstock/iStock/monkeybusinessimages; C © Thinkstock/iStock/XiFotos; D © iStockphoto/Steve Cole S. 88: D3 von links: © Thinkstock/iStock/Ljupco; © Thinkstock/iStock/OcusFocus; © Thinkstock/Hemera/Christopher Rynio; © Thinkstock/Medioimages/Photodisc S. 89: E1 © Thinkstock/iStock/Jani Bryson; E3 von links: © Thinkstock/iStock/deyangeorgiev; © Thinkstock/iStock; © fotolia/Rofeld/Hempelmann S. 92: Würfel © iStock/hocus-focus; Karte © Hueber Verlag; Flagge Österreich © Thinkstock/Hemera

## Kursbuch A1.2

S. 12: A2: A © Thinkstock/iStock/monkeybusinessimages; B © Thinkstock/Wavebreakmedia Ltd; C © PantherMedia/Christian Fickinger; D © PantherMedia/Christian Fickinger; E © PantherMedia/Christian Fickinger S. 14: Antonio © Thinkstock/Digital Vision; Zola © Thinkstock/iStock/lucian coman; Kurs © fotolia/Robert Kneschke; Pictos © Thinkstock/iStock/Azaze11o S. 15: C2 © Thinkstock/Digital Vision/Jochen Sand S. 16: D1: 1 © PantherMedia/iloveotto; 2 © Thinkstock/Digital Vision/John Rowley; 3 © Thinkstock/iStock/EpicStockMedia S. 17: © iStockphoto/Shannon Fagan S. 21: © Thinkstock/Stockbyte/Brand X Pictures S. 22: Führerschein © georg bodenstein/Österreichische Staatsdruckerei GmbH S. 24: Pass © Thinkstock/Zoonar S. 25: B3 © Thinkstock/iSTock/Frank Merfort S. 28: Warnschild © fotolia/moonrun S. 29: Warnschild © fotolia/moonrun S. 33: © Thinkstock/Digital Vision/Siri Stafford S. 36: A2: A © Hueber Verlag/Erika Wegele; B © Hueber Verlag/Tatiana Mendonça S. 38: C2 © Thinkstock/iStock/AlexRaths; C3 © Thinkstock/iStock/Horsche S. 39: © Thinkstock/iStock/michaeljung S. 45: Ü1 © iStock/Marlonneke; Würfel © iStock/hocus-focus S. 51: D2 © Thinkstock/iStock/shironosov S. 52: D6: A © iStockphoto/Stefano Lunardi; B © imago/Thomas Frey; C © Thinkstock/Purestock; D © Thinkstock/Wavebreakmedia Ltd S. 53: E2 © dpa Picture-Alliance/Arno Burgi S. 57: Porträt Frau © Thinkstock/Creatas/Jupiterimages S. 60: A3 © Thinkstock/iStock/JackF S. 63: D1: Autohaus © iStockphoto/tomeng; Schülerhilfe © Thinkstock/iStock/monkeybusinessimages; Amt: Florian Bachmeier, Schliersee; Privatperson © Thinkstock/Purestock S. 64: Friseur © iStockphoto/targovcom; Nachhilfe © Thinkstock/iStock/fuchs-photography; Hausmeister © fotolia/bernanamoglu; Reparatur © Thinkstock/FogStock/Vico Images/Erik Palmer S. 65: E2 © Thinkstock/Goodshot/Jupiterimages; E4 © Thinkstock/Photodisc/Rayes S. 68: Fahne Österreich © Thinkstock/iStock/Physicx S. 69: A © Thinkstock/iStock/cohlmann; B: Tagesmutter © Thinkstock/Stockbyte/Jupiterimages; Kindergarten © Thinkstock/Comstock; Mittagsbetreuung © Thinkstock/Photodisc/Chad Baker/Jason Reed/Ryan McVay S. 71: 4 © Thinkstock/Wavebreak Media S. 72: A1 Hintergrund © Thinkstock/iStock/Goodshoot; A2: Jacke © Thinkstock/iStockphoto; Brille © Thinkstock/iStock/badmanproduction; Stiefel © Thinkstock/iStock/popovaphoto; Schuhe © Thinkstock/iStock/lofilolo; Kleid © Thinkstock/iStock/Lalouetto; Hemd © Thinkstock/iStock/demidoffaleks; Tasche © fotolia/PhotoMan; Schirm © Thinkstock/iStock/berents; Anzug © iStockphoto/timhughes; Gürtel © Thinkstock/iStock/andrewburgess S. 75: C2b © Christian Adam, Lübeck S. 76: D2: Thomas © Thinkstock/iStock/tetmc; Sonja © Thinkstock/iStock/Jacob Wackerhausen; Tina © Thinkstock/iStock/Aleksander Kaczmarek; Tom © Thinkstock/Stockbyte/George Doyle; Koffer von links: © iStockphoto/srebrina; © Thinkstock/iStock/yevgenromanenko; © Thinkstock/iStock/Volodymyr Krasyuk; © Thinkstock/iStock/PixelEmbargo; Schuhe von links: © Thinkstock/iStock/zhaubasar; © Thinkstock/iStock/MaleWitch; © fotolia/klickerminth; © Thinkstock/iStock/Naborahfatima; Räder von links: © Thinkstock/iStock/arquiplay77; © Thinkstock/iStock/Grzegorz Petrykowski; © iStockphoto/gradts; © Thinkstock/iStock/OCTOGRAPHER; Taschen von links: © Thinkstock/PhotoObjects.net/Hemera Technologies; © Thinkstock/iStock/zhekos; © Thinkstock/iStock/Pavel Zaytsev; © Thinkstock/iStock/sunstock S. 80: 1: A © Thinkstock/iStock/stask; B © fotolia/W. Heiber Fotostudio; C © Thinkstock/iStock/moodboard; D © Thinkstock/Wavebreak Media S. 81: Shirt © Thinkstock/Hemera/Alexandru Dobrea; Frau © iStock/esolla S. 84: A3: Rosen © fotolia/Corinna Gissemann; Karneval © irisblende.de S. 86: Maria © Thinkstock/iStock/Mervana; Eduardo © Thinkstock/iStock/mocoo; Sibel © Thinkstock/iStock/Daniel Ernst; Pawel © Thinkstock/iStock/IPGGutenbergUKLtd S. 87: Vanessa © Thinkstock/Fuse; Kinder © Thinkstock/iStock/Nata_Snow S. 88: E1: A © Thinkstock/iStock/SamRyley; B © Thinkstock/Image Source; C © PantherMedia/Walter Quirtmair; D © Thinkstock/iStock/juefraphoto; E © Thinkstock/iStock/edenwithin; F © PantherMedia/Carina Hansen; E2b: 1 © Thinkstock/iStock/Christian Carroll; 2 © Thinkstock/iStock/dlugoska; 3 © iStockphoto/betoon S. 89: Mia © Thinkstock/iStock/Christian Carroll; Vladimir © Thinkstock/iStock/dlugoska; Nikolaus © iStockphoto/NGvozdeva; Pinar © iStockphoto/betoon; E3: A © Thinkstock/iStock/fotohunter; B © fotolia/Joerg Rofeld Picture-Factory; C © fotolia/Tobilander; D © fotolia/Fotowerk S. 92: Krapfen © fotolia/gradt; Karpfen © Thinkstock/iStock/witoldkr1; Rauchverbot © iStock/designalldone S. 93: Würfel © iStock/hocus-focus

Alle weiteren Fotos: Matthias Kraus, München
Zeichnungen: Jörg Saupe, Düsseldorf
Bildredaktion: Nina Metzger, Hueber Verlag, München